HEIMATSTADT MÖDLING

GEFÖRDERT VON

STADTGEMEINDE MÖDLING

ABTEILUNG KULTUR UND WISSENSCHAFT
DES LANDES NIEDERÖSTERREICH

IMPRESSUM

Herausgeber und Verleger

MHM
Michael Horowitz Media OEG
1190 Wien, Gregor Mendel-Straße 43
Tel. & Fax: 01/370 21 00
mhmedia@chello.at

Verlagsleitung
Angelika Horowitz

Fotos
Stadtansichten: Manfred Horvath
Menschenbilder: Franz Baldauf

Artdirector
Andrea Schraml

Text
Andreas Russ

Repro- und Lithografie
Pixelstorm Kostal & Schindler OEG

Druck & Bindung
Prerovke tiskarny s.r.o.,
Prerov - Kozlovice

© 2004 by MHM – Michael Horowitz Media OEG

Alle Rechte – auch die des auszugsweisen Abdrucks oder der Reproduktion einer Abbildung – sind vorbehalten. Das Werk einschließlich aller seiner Teile ist urheberrechtlich geschützt. Jede Verwertung ohne Zustimmung des Verlages ist unzulässig. Dies gilt insbesondere für Vervielfältigungen, Übersetzungen, Mikroverfilmungen sowie die Einspeicherung und Verarbeitung in elektronischen Systemen.

ISBN 3-9501660-2-5

gefördert von der Stadtgemeinde Mödling
sowie der Abteilung Kultur und Wissenschaft
des Landes Niederösterreich

1. Auflage November 2004

HEIMATSTADT MÖDLING

Michael Horowitz
FOTOS MANFRED HORVATH · FRANZ BALDAUF

VORWORT

Mödling ist eine Stadt mit großer Tradition, viel versprechender Gegenwart und erfolgreicher Zukunft. Denn die Weichen dafür sind bereits gestellt. Die Entwicklung Mödlings begann bereits im zweiten Drittel des 19. Jahrhunderts. Mödling, ursprünglich ein typisches biedermeierliches Städtchen ist heute ein blühendes, europaweit bekanntes Wirtschafts- und Kulturzentrum. Fürst Liechtenstein leitete mit romantischen Parks die Ära der Sommerfrische ein. Künstler wie Beethoven, Schubert, Grillparzer oder Raimund fanden den Weg nach Mödling. Nach der Eröffnung der Südbahn um 1840 entstanden die berühmten Villenviertel, der Ort wuchs enorm. Unter Bürgermeister Josef Schöffel erfolgte 1875 die Stadterhebung. Heute vermischen sich in der Stadt das Flair vergangener Tage mit dem dynamischen Leben von heute.

Mödlings Erfolgsstory geht Hand in Hand mit dem erfolgreichen Weg des Bundeslandes Niederösterreich. Niederösterreich wurde von einem Grenzland zu einem „Land ohne Grenzen". Unsere Heimat zeichnet sich durch Lebensqualität und eine gute wirtschaftliche Entwicklung aus. Mit Fleiß und Leistungsbereitschaft hat die Bevölkerung diesen Erfolg mitgetragen.

Ich darf Mödling und seinen Bewohnern herzlich gratulieren und eine erfolgreiche Zukunft wünschen.

LANDESHAUPTMANN DR. ERWIN PRÖLL

VORWORT

Im Laufe einer über 1100 jährigen Geschichte hat sich unsere Heimatstadt Mödling zu einem Ort in wunderbarer Lage mit hoher Lebensqualität im Süden der Großstadt Wien entwickelt. Viele große Künstler, wie Beethoven, Schönberg, Wildgans, Drach, Schiele, Klimt und Kokoschka um nur einige zu nennen, haben hier Erholung und Inspiration gefunden. Persönlichkeiten wie Joseph Hyrtl, Joseph Schöffel und Jakob Thoma prägten mit ihrem Weitblick und Engagement am Ende des 19. und zu Beginn des 20. Jahrhunderts die damals noch junge Stadt Mödling. Noch heute profitieren wir von den Ideen und der Umsetzungskraft dieser außergewöhnlichen Menschen. Auch der Wiederaufbau nach dem Ersten und Zweiten Weltkrieg, sowie die wieder erlangte Selbstständigkeit der Stadt vor 50 Jahren waren Herausforderungen für alle Menschen. Diese wurden in hervorragender Art und Weise gemeistert. Der Aufbau einer funktionierende Infrastruktur gehört heute zur Selbstverständlichkeit. Die Fundamente dieser Infrastruktur sind bereits vor über 100 Jahren gelegt worden und bis zum heutigen Tag von den Verantwortungsträgern kosequent verfolgt worden.

Unsere Heimatstadt Mödling zeichnet sich seit vielen Jahrzehnten durch ein reges gesellschaftliches Leben in Vereinen und Organisationen aus. Mit viel Fleiß, Kraft und Einsatz prägen die Menschen vieler Institutionen das unmittelbare Lebensumfeld. Das Zusammenspiel aller kreativen und positiven Kräfte ermöglichten das heutige Erscheinungsbild der Stadt, die uns ein ausgezeichnetes Image mit hoher Lebensqualität am Rande der Großstadt eingebracht hat.

Dieses Buch dokumentiert sehr eindrucksvoll die Vorzüge und Schönheiten Mödlings. Es stellt aber auch jene Menschen und Institutionen in den Vordergrund die über Jahrzehnte hinaus viel zum Zusammenleben der Generationen beigetragen haben. Ich danke und gratuliere allen die an der Entstehung dieses Buches mitgearbeitet haben.

Ich bin sehr stolz auf unsere Heimatstadt Mödling. Diese Stadt muss man einfach lieben.

Ihr

VIZEBÜRGERMEISTER ANDREAS HOLZMANN

VORWORT

Mödling ist seit der Steinzeit besiedelt. Seit jeher hat dieser Lebensraum Menschen in seinen Bann gezogen. Diese Menschen waren und sind es auch, die unser gemeinsames Umfeld gestalten und immer wieder neu prägen. Ein reges Vereinsleben mit Veranstaltungen und vielfältigen Angeboten zur Freizeitgestaltung ist seit jeher eine wesentliche und lebendige Basis des gesellschaftlichen Zusammenlebens. Es ist daher das große Verdienst dieses Buches, all jene Menschen, die dafür einen erheblichen Teil ihrer Freizeit ehrenamtlich einbringen, in den Vordergrund zu stellen.

Das vorliegende Buch ist in diesem Sinne nicht nur ein herrlicher Bildband, der die landschaftlichen Schönheiten und die städtebaulichen Charakteristika unserer Stadt zeigt, sondern geht einen bedeutenden Schritt weiter und wirft einen liebevollen Blick auf jene Menschen, die unsere Stadt mit Leben erfüllen.

Ich möchte die Gelegenheit daher auch nutzen, all jenen meinen Dank auszusprechen, die in der Vereinsarbeit tätig sind und die Stadt Mödling mit ihren zahlreichen Aktivitäten bereichern. Ein Dankeschön gebührt auch den Herausgebern dieses Bildbandes, die die Besonderheiten unserer Stadt mit so viel Gespür und Einfühlungsvermögen zu Papier gebracht haben.

Den Leserinnen und Lesern dieses Buches wünsche ich viel Vergnügen bei der Entdeckungsreise durch ein Mödling, das voller Leben und voller Menschen mit Herz und Engagement ist. Vielleicht kann dieses Buch darüber hinaus einen Beitrag dazu leisten, dass die eine oder der andere neue interessante Facetten im Mödlinger Vereinsleben entdecken oder sogar zur aktiven Mitgestaltung in einem Mödlinger Verein gewonnen werden kann.

Viel Freude beim Lesen wünscht Ihnen Ihr

BÜRGERMEISTER LABG. HANS STEFAN HINTNER

Foto erste vorhergehende Doppelseite:
Pestsäule am Schrannenplatz

Foto erste folgende Doppelseite:
Schwarzer Turm und Blick über die winterliche Stadt

Foto zweite Doppelseite:
Beethoven Gedenkstätte im Hafnerhaus

Foto dritte Doppelseite:
Schulstadt Mödling: Höheren Lehranstalt für Mode- und Bekleidungstechnik

Foto vierte Doppelseite:
Arkadengang im Hafnerhaus, Beethovens Wohnhaus in den Sommermonaten 1818 und 1819

Foto fünfte Doppelseite:
Stadtspaziergang durch die Brühlerstraße

Foto sechste Doppelseite:
Mödlinger Gesang-Verein in der St. Othmar Kirche am „Schwarzen Sonntag"

Foto siebente Doppelseite:
Stimmungsvoller Schrannenplatz mit Rathaus und Posthof

VORWORT
MICHAEL HOROWITZ

Sommer 1818.
Ein vierspänniges Pferde-Fuhrwerk holpert Mödling entgegen. Das umfangreiche Gepäck lässt eine Übersiedlung erahnen. Am Bock neben dem Kutscher ein Herr mit wildentschlossenem Blick und im Wind flatternden, langen Haaren: Ludwig van Beethoven.
Der *Herold der Romantik* hält es im lauten Wien nicht mehr aus. Um Komponieren zu können, sucht er Ruhe und Inspiration der Natur. Schon seit 18 Jahren kommt Beethoven immer wieder zu Kurzbesuchen nach *Möthling aufs Land*. Und meint, man muss *sich in Mödling ordentlich umsehen, denn es ist sehr schön*. Jetzt wird er den ganzen Sommer über hier bleiben. Und auch den darauf folgenden des Jahres 1819. Für den schwerhörigen, stets kränkelnden Komponisten kehrt jetzt zeitweise Lebensfreude wieder. Und hier südlich der Großstadt kann Beethoven plötzlich wieder arbeiten. Die sanften Hügel und Wiesen des Wienerwaldes, das melodische Plätschern eines Baches oder *die süße Stille des Waldes* inspirieren den hochsensiblen Musiker: *Kein Mensch kann das Land so lieben wie ich. Geben doch Wälder, Bäume, Felsen den Widerhall, den der Mensch wünscht*. Im Hafnerhaus, in der Hauptstraße 79, entsteht eines der Hauptwerke Beethovens, die *Missa solemnis*.
Heute ist Mödling weiterhin ein stimmungsvolles Kunst- und Kulturzentrum - umgeben von einer geheimnisvoll schönen Landschaft. Aber auch eine Stadt mit vielversprechender Zukunft. Das dynamische Herz, das blühende Biotop Mödlings, bildet die Fußgängerzone. Neu gestaltete Geschäfte bieten einzigartiges Einkaufsflair. Bars, Beisln, Cafés und Restaurants garantieren kosmopolitisches Lebensgefühl. Ein rascher Cappuccino am Weg ins Büro, mittags Sushi oder Schinkensemmel, abends Shopping und Flanieren. Das Plauscherl bei ein, zwei Glaserln Wein, Lesungen und Live-Acts. Eine Stadt als abendliche Bühne des Lebens.
In Mödling werden Schätze, Zeugen und kleine Geheimnisse der Vergangenheit nie vergessen. Gleichzeitig wird die heutige Zeit mit Optimismus und Zuversicht gelebt. Mödling - eine kleine, große Stadt. Eine menschliche Stadt, in der Platz und Zeit für Gefühle ist. Eine Stadt, deren Bewohner sich wohl fühlen.
Wie damals Beethoven. Der in der *Missa solemnis*-Partitur über dem *Kyrie* zufrieden vermerkte: *Von Herzen - möge es wieder zu Herzen gehen*.

Wahlmödlinger Ludwig van Beethoven

Rendezvous im Süden

23.288 Einwohner auf 9,95 Quadratkilometern. 350 Hektar „Hauswald", zwei bis drei Hausberge. Mödling, 18 sonnige Kilometer südlich von Wien, seit 1875 offiziell eine Stadt, davor, eine lange, farbenprächtige, große und mitunter dramatische Geschichte als eine der ältesten Gemeinden Österreichs, oft sogar glänzender als das benachbarte Wien. Danach - Aufstieg zur Cote d'Azur nördlich der Alpen, Lieblingsort der Künstler, Geburtsstätte der „Wiener Schule", als 24. Wiener Gemeindebezirk von Niederösterreichs Karten verschwunden und wieder zurückgekehrt, größer, schöner denn je, auch als eine der wichtigsten Schulstädte Europas.

Was macht eine Stadt aus? Ihre Größe? Ihre Geschichte? Ja, all das macht sie aus, vor allem aber sind es die Menschen, die Kinder einer Stadt, die ihr Gesicht prägen. Und dazu lässt sich eines ganz klar sagen: Natürlich, viele Mütter haben schöne Töchter, aber es gibt immer die eine, die ganz besondere, die uns diesen halbherzigen Spruch des Trostes abnötigt. Und so mögen auch viele andere Städte große Söhne haben - aber mit Mödling kann in dieser Hinsicht kaum eine Metropole mithalten. Freilich sind's nicht alles leibliche Kinder, einige von ihnen wurden quasi adoptiert. Weil sie sich Mödling als ihre Stadt ausgesucht haben - aber das ist ja mindestens genau so viel wert. Anton Wildgans liebte Mödling ebenso wie Franz Theodor Csokor, Albert Drach fand nach einem Leben voller Härte und Ungerechtigkeit doch noch Frieden in „seiner" Stadt und auch Arnold Schönberg war Mödling lange und gerne verbunden. Josef Weinheber wuchs hier auf, Johannes Mario Simmel wurde hier geboren und nahm ein Stück von Mödling mit sich hinaus in die Welt, während Ludwig van Beethoven - nein, dazu kommen wir später. Wieder andere kamen für Tage, Wochen, Monate, manche Jahr für Jahr, und tankten Kraft, ließen sich inspirieren - seit Walther von der Vogelweide von Mödling schwärmte, riss der Strom großer Künstler nicht ab, die von der Stadt und ihrer Umgebung fasziniert waren. Klimt, Schiele, Raimund, Grillparzer, Nestroy, Waldmüller, Hugo von Hofmannsthal kam ebenso gerne auf Besuch wie H.C. Artmann, und als Richard Wagner den Mödlinger Tenor Alois Ander in seinem Haus in der Pfarrgasse 6 besuchte, um mit ihm den „Tristan" einzustudieren, schwärmte er in einem Brief an seine Freundin Mathilde Wesendonk, dass ihn Mödling „tief beruhigt, versöhnt und

Denkmal von Joseph Hyrtl, einem großen Mediziner und Gönner der Stadt.

beglückt" habe und beschrieb ihr die „herrlichen Auen und Bergwälder" und das „reizende Tal der Brühl". Alles Geschichte, alles vorbei? Aber nein! Der Maler Rudolf Hausner fand hier ebenso seine zweite Heimat wie der Karikaturist Erich Sokol. Bruno Max' Stadttheater Mödling und sein „Theater im Bunker" sorgen heute ebenso für eine Stadt voll kulturellem Leben wie Felix Dvoraks „Komödienspiele", Nicole Fendesacks „Spektakel müssen sein", Günther Mohaupts „Audite", der großartige, traditionsreiche MGV, also der „Mödlinger Gesang-Verein". Kabarettisten gedeihen hier wie anderswo die Brennesseln und außergewöhnliche Menschen wie Rotraut Dirnberger, bringen die Welt um sich herum zum Blühen. Elisabeth Skarabela, Harald Lowatschek, Thomas Busch, Marios, Billy, Nicole, Andrea – bekannte Namen, und solche, die in keinen Geschichtsbüchern zu finden sind, sie alle machen Mödling aus. Und man trifft sie überall, die großen und die kleinen, die alten und die jungen, die von gestern und die von heute. Wenn man sich ein bisschen Zeit nimmt.

Mediterranes Flair

Die Fakten sind spröde, wie es Fakten eben sind, aber sie sprechen eine klare Sprache: Im Jahresschnitt regnet es im „klassischen" Wienerwald, also im nordwestlichen, so zwischen Klosterneuburg und Pressbaum mehr als 1000 Millimeter. Im südöstlichen, also dem Gebiet um Mödling, regnet es nur gut 600 Millimeter. Die Vegetationsperiode, das ist die Zeitspanne, in der sich wieder was tut in der Natur, wozu sie allerdings eine Tagesmitteltemperatur von mindestens fünf Grad braucht, dauert im Nordwesten vier bis sieben Monate, im Südosten allerdings sieben bis acht Monate und beginnt, mit schöner Regelmäßigkeit, bereits um den 15. März.

Eine Stadt mit Zukunft, auch in Hinblick auf kommende Generationen: Kindergarten im Marienheim

Abendliches Treiben in der Stadt: Mautwirtshaus in der Kaiserin Elisabeth-Straße mit Blick auf die Spitalkirche

Das heißt, Mödling hat klar die Nase vorn, und zwar in allen Belangen. Es ist wärmer, es regnet weniger und alles wächst besser und schneller. Und wie um die Sonderstellung dieser kleinen Stadt noch zu unterstreichen, ihr quasi eine sonnige, mediterrane Krone aufzusetzen, findet man hier den europaweit nördlichsten Vorposten der Mittelmeer-Schwarzföhren. Knorrig und verwittert stehen sie da, auf 80.000 Hektar Fläche insgesamt, und auch wenn Fürst Liechtenstein dabei seine Finger recht kräftig im Spiel hatte, so viel steht fest: Er hat sie hier nicht „erfunden", die Föhren waren lange da, bevor er begonnen hat, sich seine romantischen Träume zu erfüllen. Sie haben sich dieses wunderbare Platzerl selbst ausgesucht. Und Recht hatten sie. Beneidenswert? Natürlich, aber zum Glück ist Mödling ja nicht aus der Welt. Mittelmeerzauber und Urlaubsstimmung warten nur 20 Minuten vor den Toren Wiens, ein Katzensprung per Zug, Schnellbahn oder Auto. Also, wie hieß der Hit des letzten Sommers? Genau, „Ab in den Süden!" Und der Süden ist viel näher, als man denkt.

Erste, sanfte Annäherung

Meidling-Mödling, das klingt jetzt doch um einiges ähnlicher, als es tatsächlich ist. Und näher. Also, bahntechnisch betrachtet. Das kann natürlich nur nachvollziehen, wer schon einmal versucht hat, an einem Wochenende von besagtem Meidling nach Mödling zu kommen. Mit der Bahn eben. Warum man das tun sollte? Weil es einem eine ausgewiesene Insiderin geraten hat, zum Beispiel. „Sei nicht blod, fahr doch mal mit der Bahn. Von Meidling bist in zehn Minuten in Mödling. Und die Züge gehen alle viertel Stund", sagte Lilly Hubatsch zu mir. Eindringlich. Und die ist nicht nur weit gereist, gab mir schon geniale Tipps auf die Malediven und nach

Mauritius mit auf den Weg, sondern außerdem aus der Südstadt, also dem schönen Ortsteil Maria Enzersdorfs, der von den benachbarten Mödlingern liebevoll „Mannerschnitten-Stadt" bezeichnet wird, weil er eben aussieht, wie ordentlich sortierte Mannerschnitten auf einem Kuchenteller und der noch dazu eine bundesliga-taugliche Fußballgemeinschaft mit dem ehrwürdigen VfB Mödling bildet, was allerdings waschechten Mödlingern wie den Fußballexperten Thomas Busch und Thomas Bergholz, auf die wir später noch zu sprechen kommen werden, schwer im Magen liegt. Aber egal, Lilly Hubatsch hat jedenfalls schon Partys beim Amphitheater gefeiert und beim Husarentempel geküsst und war überhaupt öfter auf dem Anninger als jeder andere Beinahe-Wiener, den ich kenne. Sie kennt sich also aus, dachte ich mir.

Das Problem ist, dass man sich auch auskennen muss, wenn man in Meidling am Bahnhof steht. Was einigermaßen schwierig ist. Im Bahnhofsgebäude unten finden sich leider keine Fahrpläne, also heißt es auf gut Glück einmal einen Bahnsteig wählen und rauflaufen. Oben hat gerade ein Zug seine Ladung gelöscht und bereits neue aufgenommen. Es pressiert also, die Schaffner sind gerade dabei, die Türen zu kontrollieren. „Tschuldigung, fährt der Zug nach Mödling?" – „Na." – „Fährt von hier ein Zug nach Mödling?" – „Jo." – „Hier, auf diesem Bahnsteig?" – „Jo, do san'S scho richtig." Das beruhigt. Auch wenn mir der Nachsatz des freundlichen ÖBB-Bediensteten zu denken geben hätte müssen: „In dar nächsten Stund' miassat scho ana kumman." So eine Stunde kann sich ganz schön ziehen. Vor allem, wenn man nachher draufkommt, dass die Schnellbahn drei Bahnsteige weiter eh alle 15 Minuten Richtung Mödling unterwegs ist.

Erholung inmitten einer grünen Stadt: Mödling-Bach in der unteren Bachgasse

Einer, der sich gerne auf Dauer in Mödling niedergelassen hätte: Ludwig van Beethoven. Reminiszenzen im Hafnerhaus, der Mödlinger Beethoven-Gedenkstätte, wo der Komponist die Sommermonate 1818 und 1819 verbrachte.

Wenn man gut im Stiegenlaufen ist, und es schafft, das Schild über dem Triebwagen rechtzeitig bei seiner Einfahrt in die Station zu erkennen, schafft man es, diese gar nicht unerhebliche Distanz zu bewältigen, während sich die Schnellbahngarnitur im Meidlinger Bahnhof kurz ausruht. Dann geht es flott. Und doch ist es herrlich ruhig. Hetzendorf, Atzgersdorf, Liesing. Perchtoldsdorf, Brunn/Maria Enzersdorf. Die Häuser werden weniger und kleiner, die Landschaft mehr und größer. Kaum zehn Minuten, und man ist da: „Bahnhof Mödling". Während Wien sich unter einer Dunstglocke verkrochen hatte, lässt einen hier die Sonne ein wenig blinzeln. Die Stadt hat ein unwiderstehliches Lächeln aufgesetzt. Man kann gar nicht anders, als zurückzulächeln.

Unsterbliche Künstler

Während man so lächelt, könnte man sich natürlich fragen, wie strahlend jenes der Stadt erst ausgefallen wäre, könnte sich der alte Liesinger Brauhof, der hier bis in die späten 50er-Jahre gestanden hat, noch daran beteiligen. Aber es ist eben, wie es ist, und die Hauptstraße liegt an diesem strahlenden Tag im Schatten der Bäume und scheint direkt ins Herz Mödlings zu führen. Vielleicht ist ja die Atmosphäre zu beschwingt für solche Fragen – zu spät ist es sowieso. Außerdem geht man sonst vor lauter Grübeln noch am „Weltladen" in der Hauptstraße Nummer 7 vorbei, und das wäre schade. „Weltladen"? Keine Angst, das wird jetzt nicht mühsam, sondern absolut genussvoll. Und ausgesprochen interessant, aber dazu kommen wir später. Zuerst geht's einmal um „Pueblo" einen vollaromatischen Kaffee aus Guatemala, und um „Nica" aus dem Hochland Nicaraguas. Um „Jambo", einen unglaublich würzigen Espresso aus Uganda, um duftende Schokoladen mit Vollrohrzucker

Liebevoll werden in der stimmungsvollen Atmosphäre des Hafnerhauses Erinnerungen an Ludwig van Beethoven gepflegt

von den Philippinen, Paranüsse, Rum-Ananas, thailändischen Reis, mexikanischen Honig, brasilianischen Orangensaft. Und um Hängematten aus Guatemala natürlich und allerlei wunderbares Kunsthandwerk. Aber wie gesagt, eine Stadt beeindruckt auch durch die Menschen, die in ihr wohnen, heute, jetzt. Menschen, die in der Gegenwart ihr Stadtbild prägen. Und genau das tun Gerald Miskulnig, Heinz Weigel, Inge Hasenöhrl, Herbert Wager und die etwa 20 anderen Mitarbeiter, die diesen „Weltladen" seit gut einem Jahr ehrenamtlich führen. Richtig gehört, ehrenamtlich. Denn die Einnahmen kommen den Bauern zugute, die diese herrlichen Produkte biologisch anbauen. Jeden dritten Samstag im Monat gibt es hier ein „faires Frühstück", das nicht nur aus-

Erst sehr spät wurde diese Gerechtigkeit einem Mann zuteil, an dem man in keiner Beziehung vorbei kommt, wenn man sich dem Herzen Mödlings nähert. An Albert Drach. Auch wenn nur eine schlichte kleine Tafel das Haus in der Hauptstraße 44 als sein Wohnhaus ausweist. Rechter Hand, wenn man Richtung Zentrum geht, eine Tierärztin mit dem für ihre Profession sehr eigenwilligen Namen „Metzker" hat ihre Praxis in einem Teil des „Drach-Hauses". Hat sie den großen Dichter noch gekannt?

Albert Drach gilt als einer der wichtigsten Autoren des 20. Jahrhunderts – heute auch bei uns. Im renommierten „Times Literary Supplement" wurde er schon 1968 als „bedeutendster Avantgardist deutscher Zunge" beschrieben. Und dabei waren auch die Briten nicht gerade vorschnell mit ihrer Beurteilung. Drach war zu dieser Zeit bereits 66 Jahre alt und hatte sein ganzes

gesprochen gut schmeckt, sondern bei dem man auch ausgesprochen nette Leute kennen lernt. „Ich möchte dazu beitragen, das Leid der Menschen des Südens, das durch die Missachtung der Grundrechte aller Menschen entsteht, zu lindern, ohne sie mit Almosen zu demütigen", sagt Inge Hasenöhrl, die Kassierin des Vereins. Genau, es geht schlicht um Gerechtigkeit.

Leben lang geschrieben. Als Avantgardist sah er sich selbst eigentlich erst, nachdem ihn „Times Literary Supplement" als einen beschrieben hat. Er hatte „im Grunde einen traditionellen Ansatz, eine ziemlich strikte Vorstellung, wie ein Roman auszusehen hat", sagte seine Biografin Eva Schobel, Vorstandsmitglied der „Albert Drach Gesellschaft", in einem Interview. In diesem Sinne sollten wir uns dieser faszinierenden Persönlichkeit also vielleicht in chronologisch korrektem Ablauf nähern. Er wurde 1902 geboren, nicht in Mödling, sondern in Wien, gehört also gewissermaßen in die Kategorie „Wahlmödlinger", was auch nicht ganz korrekt ist, weil sein Vater beschlossen hat, sich in Mödling niederzulassen, als Albert noch ein Kind war, insofern keine Wahl hatte, und andererseits doch, weil er 1948, nach sieben Jahren auf der Flucht vor den Nazis, und einem langwierigen Prozess, den er schließlich gewann, wieder in das zuvor *arisierte* Haus seiner Eltern einzog. Womit wir allerdings entschieden zu weit vorgegriffen haben, denn dass er Schriftsteller würde, und zwar ein bedeutender, stand für Drach schon wesentlich früher fest. Als Kind fand er in einem Badeteich eine bereits von den Fischen angeknabberte Wasserleiche. Er war von diesem Anblick so schockiert, dass er beschloss, ewig zu leben. Sein Vater, ein Mathematikprofessor, hat ihm den Schlüssel dafür gegeben, als er ihm erklärte: „Nur Helden und Künstler sind unsterblich." Für Albert war damit die Sache klar. Der berühmte Anton Wildgans, ein guter Freund seines Vaters, erkannte das Talent des Jungen und ermunterte ihn zum Schreiben – konnte allerdings nicht verhindern, dass er etwas „Ordentliches" lernen musste. Drach wurde Anwalt, ein Beruf den er zwar hasste, der ihm aber doch ein-, zweimal sehr gute Dienste erwies – und vor allem seinen einzigartigen „Protokollstil" prägte.

Es sollte aber mehr als lange dauern, bis diese Einzigartigkeit auch anerkannt wurde. Erst 1964, als Drach immerhin 62 Jahre alt war, wurde mit „Das große Protokoll gegen Zwetschkenbaum" sein erster Roman veröffentlicht. Das Werk fand Anerkennung, der Autor wurde aber schnell in die Ecke des „Skurrilen", des „Schrulligen" gestellt. Daran änderte auch sein, inzwischen mit Elke Winkens verfilmtes Buch „Untersuchung an Mädeln" nichts. Ein gnadenloses Sittenbild einer patriarchalischen Gesellschaft, in dem zwei junge Autostopperinnen, nachdem sie von einem Stechviehhändler vergewaltigt worden waren, für dessen plötzliches Verschwinden verantwortlich gemacht werden. Lüsterne Altmännerfantasien beinahe aller Beteiligten – Richter, Staatsanwalt, Exekutive, Zeugen, Zuschauer – passen den wirklichen Verlauf des Geschehens den Erwartungen an. Und die Halsstarrigkeit der scheinbar übermächtigen Bürokratie dahinter bringt der Jurist Drach wie kein Zweiter auf den Punkt: „Und es kommt nicht darauf an, ob der Mord wirklich geschehen ist. Es genügt, dass er angenommen wird. Und das Gericht hat nicht zu suchen, ob irgendwo ein Zweifel vorhanden ist. Es hat den Zweifel aus der Welt zu schaffen, indem es urteilt." Erst spät, viel zu spät, verneigte sich die literarische Welt vor diesem Mann. 1988 erhielt Drach für die auf seiner Flucht in Frankreich niedergeschriebene „Unsentimentale Reise" den Georg Büchner-Preis. Der mittlerweile 86-Jährige zeigte sich nicht übertrieben dankbar. Forsch kritisierte er die Ignoranz des Literatur-Betriebes und gab den pikierten Jury-Mitgliedern nur in einem Punkt Recht: „Ich bin der größte lebende Dramatiker", knurrte er. Das mag nach Selbstgerechtigkeit klingen, ebenso wie die Tatsache, dass er den Kritiker Paul Kruntorad verklagte, wie wir wissen war Drach ja vom Fach, weil dieser behauptet hatte, er sei von einer österreichischen Literatur-Ikone beeinflusst: Hermanovsky-Orlando. Doch Eva Schobel hat, und sorgt für, Verständnis: „Es ist zwar nicht ehrenrührig, mit Herzmanovsky-Orlando verglichen zu werden, aber Drachs Werk wurde dadurch verharmlost, nicht in seiner gesamten Tiefe und Widerständigkeit erkannt. Immer wieder ist die Rede vom ‚skurrilen Kanzleistil', vom ‚Amtsdeutsch', was dazu beigetragen hat, dass sein Werk wieder vergessen wurde, weil es in die falsche Ecke gestellt wurde."

In ihrer lesenswerten Biografie „Albert Drach. Ein wütender Weiser" hat Eva Schobel allerdings auch einiges relativiert, was Drach immer wieder erzählt hat. Seine Behauptung etwa, das Mödlinger Finanzamt habe durch eine unverschämte Vorschreibung seine vorzeitige Erblindung herbeigeführt oder auch seine heißgeliebte Dracula-Geschichte: Seine Vorfahren hätten Bram Stoker

Gepflegte Oase in der Stadt: Das Thonet-Schlössl, ein ehemaliges Kapuzinerkloster, wurde 1631 gegründet und birgt heute das Bezirksmuseum Mödling

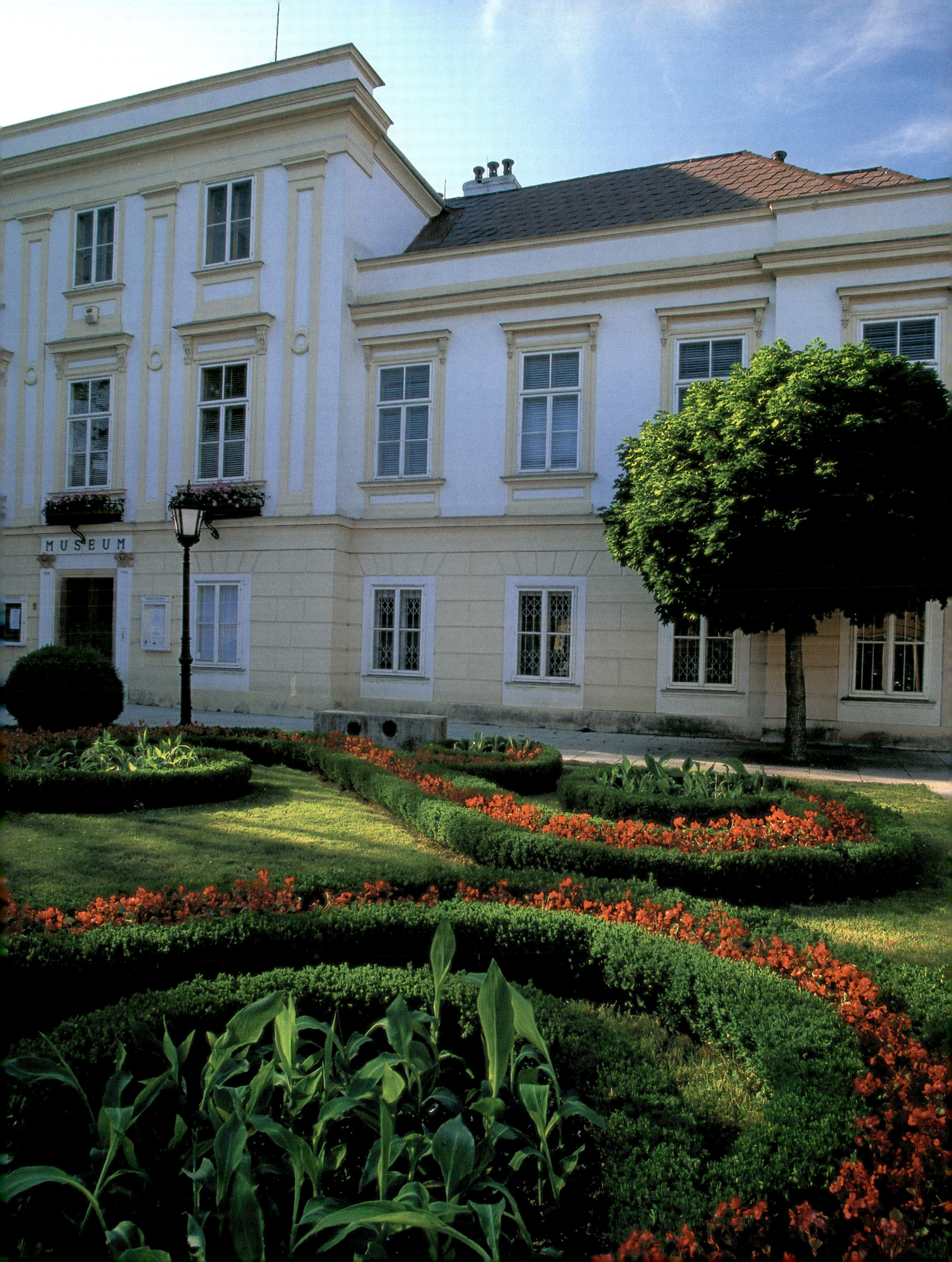
MUSEUM

Besuch im Thonet-Schlössl beziehungsweise der Uhrensammlung im Bezirksmuseum

beleidigt, weshalb jener aus boshafter Rache seinen Vampir „Dracula" genannt habe. „Pure Erfindung", meint die Biografin. Ob Drach selbst das Buch überhaupt gefallen hätte? „Ich denke doch", so die Germanistin, denn: „Er war schon fähig, Abstand zu sich selbst herzustellen und die Dinge zu ironisieren", und, vor allem: „Er hat auch jenen Humor gezeigt, den ihm viele nicht zugetraut haben."

Vielleicht hat er den ja auch gezeigt, als er nach einer Lesung bei der Mödlinger „Literarischen Gesellschaft" das anschließende gemütliche Essen, das eigentlich die Basis für einen anregenden Meinungsaustausch hätte werden sollen für einen stundenlangen Monolog nutzte. Nicht ohne die kritischen Blicke der Vorsitzenden Lilly Skarabela zu bemerken. „Hab ich wieder zu viel gesprochen", fragte er sie vor dem Nachhausegehen. „Ja", war die entschiedene Antwort. „Aber ich bin auch der einzige, der etwas zu sagen hat", die Erklärung des Dichters.

Und, hat die Tierärztin im Drach-Hof den großen mürrischen Mödlinger noch gekannt? „Natürlich, ich hatte meine Praxis ja schon sechs Jahre im Haus, bevor er starb", bestätigt Katharina Metzker. Irgendwelche Konflikte, vielleicht wegen der Tiere? „Nein, überhaupt nicht. Er hatte ja selber einen Vogel, den ich hin und wieder wegen Kleinigkeiten behandelt habe. Dafür ging ich aber meistens hinüber in seine Wohnung, Herr Drach sah ja schon sehr schlecht." Einen Vogel? „Ja, einen Beo. Ich glaube, er liebte ihn sehr."

Vielleicht ja unwesentlich, vielleicht aber auch bezeichnend: Gustave Flaubert hatte einen ausgestopften Papagei, der ihm als Inspiration für „Ein schlichtes Herz" diente. Albert Drach hatten einen Beo, der lebte. Und noch viel sprachbegabter ist als sein krummschnabeliger Vetter. Nur wenige Meter nach dem Drach-Haus erwartet den „Erwanderer" der Mödlinger Hauptstraße das

Thonetschlössl, das eigentlich ein Kapuzinerkloster aus dem Jahr 1631 ist, erst 1889 wurde es von der Fabrikantenfamilie Thonet gekauft. Heute ist darin das Mödlinger Bezirksmuseum untergebracht, und ja, hineinschauen lohnt sich, es zeigt ein packend buntes Bild der erstaunlich langen Geschichte dieser Stadt. Aber weil man ja bekanntlich nicht *hudeln* soll, es ein wirklich schöner Tag ist und die Geschichte eh so viel Zeit hat – was ist eigentlich hinter dem schmucken Schlössl?

BELEBENDER WEIN & WOHLTUENDE IDYLLE

Ein verträumter, kleiner Park! Und hier, zwischen dem Museum und der Europa-Hauptschule, verzichtet man, zumindest im Juli noch, darauf, den Rasenflächen die Frisur einer militärischen Elite-Einheit zu verpassen. Das Gras darf wachsen. So stehen Gänseblümchen und wahrscheinlich einiges, was der gestrenge Hobby-Gärtner vorschnell als Unkraut bezeichnet, in blühender Konkurrenz zu den hübsch arrangierten Beeten. Die Blätter des mächtigen Walnussbaumes rascheln im Wind und am anderen Ende des Parks spielen ein paar Kinder. Nein, nicht hinter ausbruchssicheren Metallzäunen wie in der Großstadt, Sie wissen, die, die einen immer an den aus amerikanischen Filmen bekannten Hochsicherheitstrakt in irgendwelchen Hochsicherheitsgefängnissen erinnern. Nein, die Kinder spielen hinter einem niedrigen, schmucken Lattenzaun, an dem Christian Morgenstern seine Freude gehabt hätte. Mein Lieblingsplatz in meinem neuen Lieblingspark? Ein mächtiger schöner Baum mit seltsamen Blättern, dessen Hinweisschild so verwittert ist, dass man nur noch erkennen kann, dass er offenbar aus dem fernen China stammt. Unter diesem Baum lässt es sich besonders schön träumen. Vielleicht auch, weil sich in seiner Rinde zwei Menschen verewigt haben. MN + MK steht da, in einem riesigen apfelförmigen Herzen. Die Liebe ist wohl mit dem Baum mitgewachsen. Hoffentlich auch im richtigen Leben …
Jetzt aber, hinein ins Museum und zurück in die – Vergangenheit. Chorbischof Madalwin täuschelte gerne einmal mit seinem Passauer Kollegen, dem Bischof Burchard. Und nein, zwischen den beiden ging es nicht um Bierdeckel oder Fußball-Sammelbildchen – wenn im Mittelalter mächtige Männer Tauschgeschäfte machten, waren die Einsätze doch einigermaßen höher. Ein komplettes „leibeigenes" Gut war da nichts Außergewöhnliches, und mit ihm wechselten eben auch seine 150 Bewohner ihren Besitzer. Im Jahr des Herrn 903 war eine Angelegenheit wie diese bestenfalls eine Randnotiz wert – aber eben doch, eine Notiz. Und so wird für uns heute die Entstehung, die Geschichte einer Stadt greifbar, die wie kaum eine zweite das Bild Österreichs geprägt hat. Denn im „Lonsdorfer Kodex" dieses Jahres ist penibel festgehalten, dass erwähnter Madalwin von Burchard „Medilihha ultra montem comigenum" erhielt: Mödling jenseits des Wienerwaldes. Damit haben wir also die erste Erwähnung unserer Stadt, die damals noch eindeutig slawisch Medilihha hieß, woraus später Medilikka und schließlich Mödling wurde. Und, was bedeutet der Name jetzt? Gute Frage. Aus einer etymologischen Arbeit der Uni Wien erfahren wir immerhin so viel: „Ursprünglich gleiche Wörter können sich verschieden entwickeln. Hinter Melk und Mödling etwa, steckt das selbe Wort – das slawische Medelice. Melk wurde daraus, weil es schon früher ins Deutsche übernommen wurde, Mödling hieß länger Medelice und ist für Etymologen deshalb ‚durchsichtiger'". Leider gehen die Etymologen in der Folge nicht so weit, auch zu erklären, was denn der herrlich „durchsichtige" Name bedeutet, dafür lernen wir Folgendes: „Brühl ist ein altes deutsches Wort für Wasserwiese", womit zumindest die Sache mit der Hinter- und der Vorderbrühl geklärt wäre. Was Medilihha/Medilikka/Medelice anbelangt, muss ich den Leser noch um ein wenig Geduld bitten. Ein paar hundert Meter die Klostergasse hinunter wurde das Rätsel durch eine Zufallsbekanntschaft schließlich doch noch gelöst. In einem der zauberhaftesten Gärten Österreichs …
Also, wir haben die Jahreszahl, 903, und ein zurecht glanzvolles Jubiläum im vergangenen Jahr, 1100 Jahre Mödling, da mag man getrost feiern. Wenn's auch ein wenig verwundert, dass die große 1000-Jahr Feier heuer vor 100 Jahren über die Bühne ging – aber dazu später mehr. Und natürlich gab es schon vorher Siedlungen in

Schulstadt Mödling: Die Direktorin der Höheren Lehranstalt für Mode- und Bekleidungstechnik bei der Arbeit

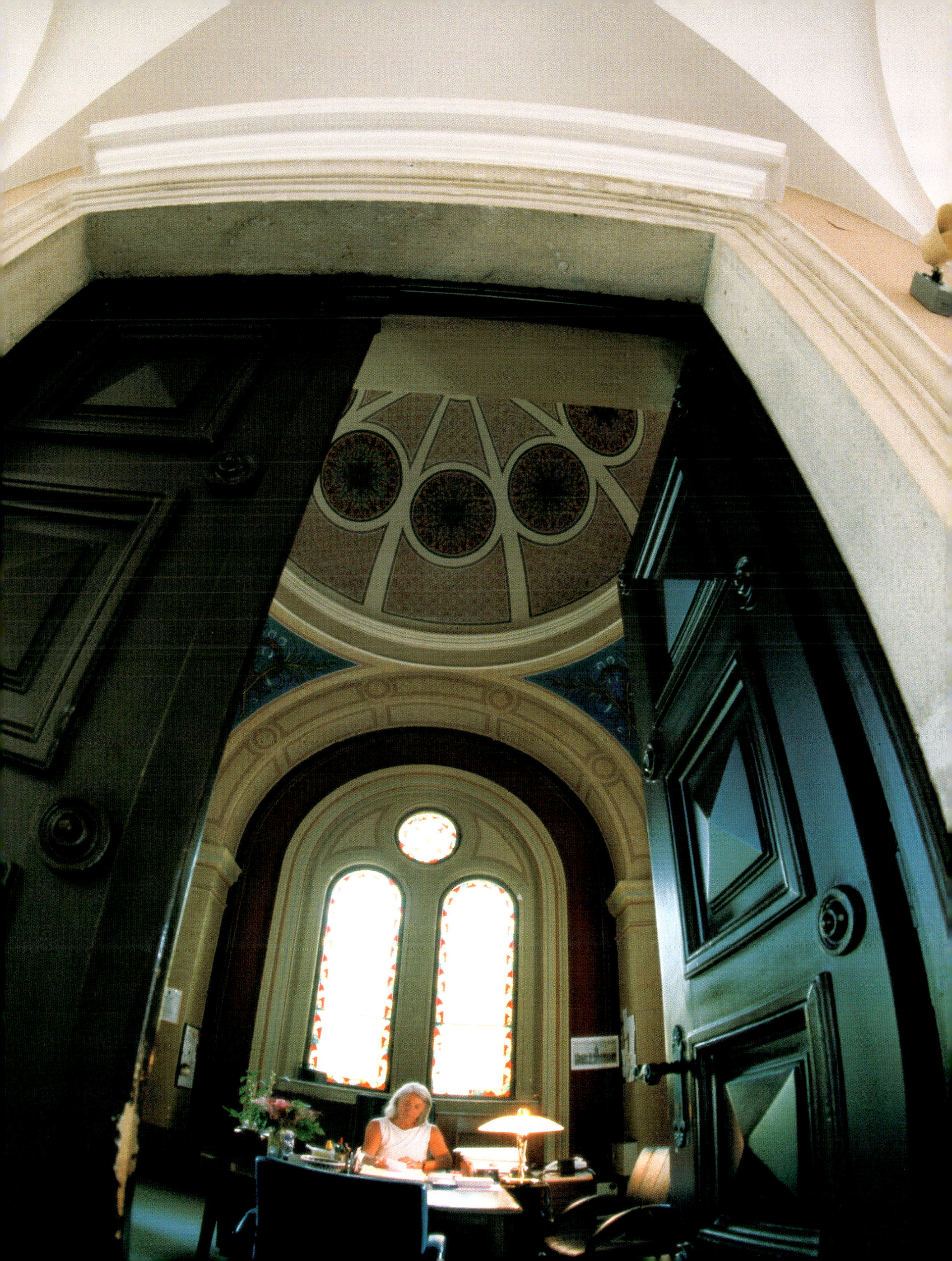

der Gegend und sogar direkt im heutigen Stadtgebiet. Wohl auch größere als erwähntes Tauschobjekt mit 150 Einwohnern, denn zu allen Zeiten ließen sich die Menschen in Mödling gerne nieder. Das Klima war angenehm hier, zwischen den steil abfallenden Kalkalpen und den östlichen Ausläufern des Wienerwaldes – wärmer und weniger feucht als noch ein paar Kilometer weiter westlich. Ideale Lebensbedingungen schon für steinzeitliche Jäger-Sippen. Die Kelten, mit ihrer ausgeprägten Vorliebe fürs „Zimmer mit Aussicht", siedelten später auf dem Plateau des Kalenderberges. Das feuchte Tal des Mödlingbaches zu ihren Füßen bot ihnen ein reichhaltiges Jagd- und Fisch-Revier. Die Römer gründeten eine Veteranensiedlung im Bereich des heutigen Bahnhofs und auch das spricht schon deutlich für die Qualität der Gegend, denn nach 20 harten Jahren im Militärdienst hatten römische Legionäre einen Anspruch auf ganz besonders schönes Platzerl. Da machten sie sich's so richtig nett, mit ihren meist einheimischen Frauen. Wohnten in schmucken kleinen Landhäusern, holten sich mit Thymian, Majoran und Salbei Mittelmeerflair in ihre Kräutergärten und fanden schnell heraus, dass auch ihr geliebter Wein hier ganz vorzüglich gedieh. Dafür an dieser Stelle: Danke Drusus, Caius, Quintus, Lucius und wie ihr alle geheißen haben mögt – wir schulden euch was. Denn der gute Wein – wohl auch die Liebe zu ihm – blieb uns Österreichern als römisches Erbe erhalten. In Mödling lässt sich diese Tradition ganz besonders gut leben. Und erleben natürlich.

Immerhin sind wir hier ja mitten in der Thermenregion, und die ist ja nicht ganz unbekannt für ihre Tröpferl. *Hundsführer, Sonnenrosen, Goldtruhe* und viele andere mehr – die „Thermenweine" eben, oder, auch sehr schön und passend, weil man besser auf dieses Verkehrsmittel zurückgreift, wenn man den Schatz der Region in vollen Zügen genießen will: „Südbahnweine". Und was wäre Mödling ohne seine Heurigen? Auch wenn im Stadtgebiet

Gefordert und gewünscht – Kreativität und Individualität in einer Schule außergewöhnlichen Typs: der „Höheren Lehranstalt für Mode- und Bekleidungstechnik"

Großartig geführtes Stadtarchiv in einer ehemaligen Kapelle im Marienheim

heute kaum noch Wein wächst – auf Bezirksebene gibt es immer noch einige der besten Lagen der Region. Und das schmeckt man! Kein Touristen-Nepp mit kitschiger Heimatfilm-Atmosphäre und überteuerten Büffets, mit Cordon Bleus und allerhand Schnickschnack, der bei einem Heurigen ohnehin nichts verloren hat. Die Grammelschmalzbrote beim „Pferschy-Seper" in der Schiller-Straße gleich bei der „Agip" – die schmecken zum reschen und zum fruchtigen Weißen. Eigentlich hätte es jetzt ja heißen müssen bei „der" Pferschy-Seper, weil die Chefin eine der wenigen, dafür aber besten Hauerinnen Österreichs ist, der Weißburgunder 2002 sei hier nur eben einmal erwähnt. Schön sitzen und gut trinken lässt es sich auch in der „Reblaus", sei's in der winzigen Buschenschank mitten in den Weinbergen oder im Stadtheurigen. Und beim „Körber-Lackner" in der Badstraße natürlich. Ein gelungenes Beispiel dafür, dass sich lange Tradition und Aufgeschlossenheit nicht ausschließen. Seit die Kinder den Familienbetrieb übernommen haben, bezaubert er mit einem charmanten Ethno-Touch und es gibt die besten Käsespezialitäten aus ganz Europa. Ohne dabei an Bodenständigkeit zu verlieren. Oder ihren kräftigen Rotgipfler. Sogar mitten in der Innenstadt bleibt's urtypisch. Dort lädt der „Rachenzentner", gleich am Beginn der Pfarrgasse, beinahe noch am Rathausplatz, in seinen irrsinnig schönen Innenhof. Ach ja, auch wenn wir sie erst in der Fußgängerzone hinter dem Rathaus kennen lernen, so viel sei an dieser Stelle schon verraten: Nicole Fendesacks Lieblingsheuriger ist der „Enigl".

Womit wir uns nun doch einigermaßen vom Bezirksmuseum entfernt haben – dafür aber erkennen durften, wie wichtig die Vergangenheit auch für die Gegenwart ist. Braucht man natürlich nicht zu wissen, wenn man sich seinen „Heurigen" schmecken lässt – aber schaden tut es auch nicht. Dabei sah es einige Zeit recht schlecht aus, für das römische Kulturgut in dieser Gegend. Die Germanen machten sich nicht viel aus Wein, zumindest nicht aus dem Weinbau, und auch den Awaren stand der Sinn nicht nach dieser mühsamen Arbeit. Dieses indoeuropäische Reitervolk aus dem Gebiet des heutigen Aserbaidschan – im sechsten Jahrhundert herrschten ihre Khagane über das mächtigste Reich Europas – scheinen sich ziemlich lange in einem ziemlich großen Mödling, vielleicht hieß es ja damals schon Medelice, aufgehalten zu haben. Mehr als 500 Gräber wurden am Fuß des Frauensteins gefunden, mehr als 4000 Grabbeigaben konnten sichergestellt werden. Vieles davon ist im Thonetschlössl zu sehen, darunter die weltweit einzigartige Darstellung eines awarischen Bogenschützen, auf einer goldenen, scheibenförmigen Gewandschließe. Und natürlich einer dieser gefürchteten Reflex-Bogen selbst, der Wunderwaffe des frühen Mittelalters. Mit 60 bis 100 Zentimetern Länge wirken sie auf den ersten Blick recht ungefährlich, beinahe wie Spielzeug. Aber es waren tödliche Waffen. Aus mehreren Schichten von Holz, Sehnen und Horn verleimt, oft mit Knochenplatten verstärkt, hatten diese Bogen eine Reichweite von beinahe 500 Metern und dabei hatten geübte Schützen eine Schussfrequenz von nicht einmal drei Sekunden. Sieht man die schweren, dreiflügeligen, eisernen Spitzen der Pfeile heute in den Vitrinen liegen, wirken sie vielleicht harmlos, wie aus der Form geratene Angelhaken – doch ihre Durchschlagskraft war verheerend. Kaum eine Panzerung hielt ihnen stand. Allein der Gedanke daran, dass diese unscheinbaren Dinger eventuell nicht „fabriksneu", sondern bereits gebraucht sind, verleiht einem Museumsbesuch durchaus etwas Abenteuerliches. Donnernde Pferdehufe, klirrende Kettenhemden, das Surren von Bogensehnen und das gefährlich scharfe Zischen der Pfeile. Goten gegen Awaren, Awaren gegen Franken, Babenberger, Magyaren, Habsburger ...

Doch zum Glück besteht Geschichte nicht nur aus Kampf und Krieg, in einem schönen Raum im ersten Stock des Museums wird ein Mann geehrt, der zwar in Eisenstadt geboren worden war und die meiste Zeit in Wien und Prag arbeitete, aber gegen Ende seines Lebens auch für Mödling ganz besonderes geleistet hat: Joseph Hyrtl. Der Mann war als Chirurg und vor allem als Anatom eine Berühmtheit, seine Bücher wurden als Standardwerke an allen großen Universitäten gelesen und seine, nach einem von ihm entwickelten Verfahren hergestellten, medizinisch-anatomischen Präparate weltweit begehrt.

Hyrtl war außerordentlich gut, und deshalb wurde er reich. Weil er aber trotzdem gut blieb und niemanden hatte, dem er etwas vererben konnte, wollte er sein Vermögen noch zu Lebzeiten für soziale Zwecke zur Verfügung stellen. Wien zeigte ihm die kalte Schulter und so beschlossen er und ein Freund, den er kurz zuvor kennen gelernt hatte, ein Waisenhaus zu bauen. Der Freund war der Mödlinger Bürgermeister Joseph Schöffel, das Waisenhaus stand in Mödling und war bis in die 60er-Jahre des 20. Jahrhunderts in Betrieb. Ein richtungsweisendes Haus, das seinen Schützlingen eine hervorragende Ausbildung zuteil werden ließ. Einer der bekanntesten Mödlinger Dichter wuchs dort auf, Josef Weinheber, der viele Jahre später dem ehemaligen Volksschullehrer der Anstalt folgenden Brief schrieb: „Lieber verehrter Freund, zu Deinem siebzigsten Geburtstag beglückwünsche ich Dich als Dein ehemaliger Schüler auf das herzlichste. Mit Deiner gründlichen und grundgütigen Lehrmethode – denkst Du noch an unsere gewaltigen Satzanalysen? – hast Du mir ein unverlierbares Fundament der Sprache und Sprachliebe mitgegeben, das Dir den vielleicht entscheidenden Anteil an dem dichterischen Rang sichert, mit dem mein Name heute verbunden ist. Ich danke Dir dafür! Möge Dich Gott uns noch lange Jahre erhalten. Du bist ein großer Lehrer gewesen, wie Du jetzt ein großer Geigenbauer bist. Kannst Du es mir, wo Du mir so ein gütiger Lehrer warst, verargen, wenn ich nun – semper-semperque – an Deine Güte als Geigenbauer appelliere? In dankbarer Verehrung, mit allen Segenswünschen, Dein Josef Weinheber". Der ehemalige Schüler bekam übrigens die Geige vom ehemaligen Lehrer, der sich auch als Instrumentenbauer einen ausgezeichneten Namen erarbeitet hatte. Und wie hat der berühmte

Herrlicher Blick vom Kobenzl auf die St. Othmar Kirche und die Stadt

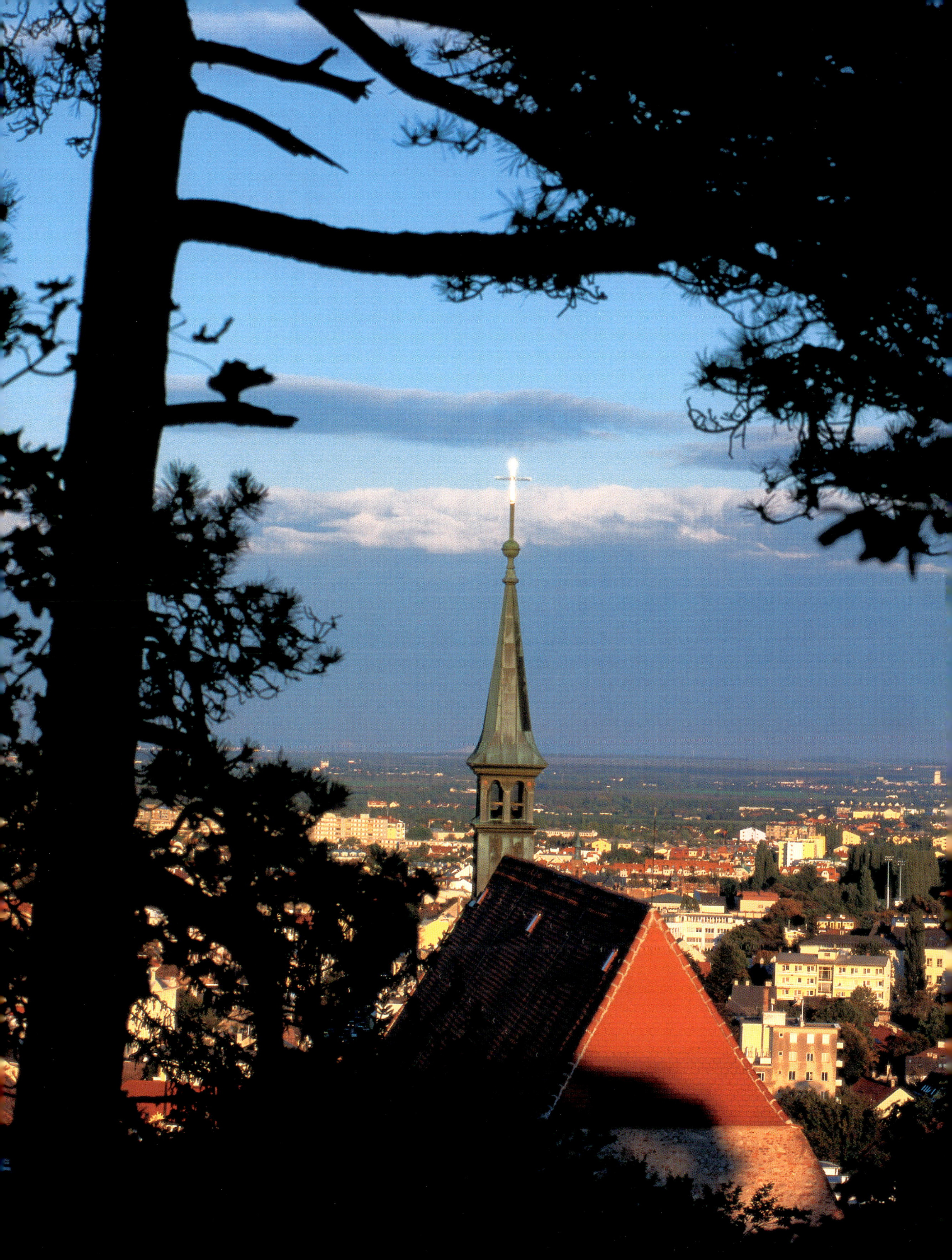

Arzt den Mödlinger Bürgermeister kennen gelernt? Eine etwas makabere Geschichte. Joseph Schöffel ließ 1884 den seit hunderten Jahren zugemauerten Karner öffnen. Zum Vorschein kamen Kleiderreste, Gebetsbücher, ein Steinkrug mit vertrockneten Rotweinresten und zahlreiche Knochen einiger unglücklicher Mödlinger, die sich scheinbar 1683 vor den Türken ins Untergeschoss der Kapelle geflüchtet hatten. Angeblich haben ja ein paar vorwitzige Buben mit einem der Schädel Fußball gespielt, was hier allerdings nicht bestätigt werden kann – jedenfalls fiel dem aufmerksamen Beobachter Schöffel ein Kopf auf, dessen Ober- und Unterkiefer auf merkwürdige Weise verwachsen waren. Er wusste von Hyrtls Arbeit und dachte, dass der berühmte Mediziner Interesse daran haben könnte. Er schickte den Totenkopf also kurzerhand nach Wien und Hyrtl war tatsächlich fasziniert. Auch von dem Mann, der ihm dieses Geschenk gemacht hat. Ja, und ein Jahr später wurde mit dem Bau des Hyrtl'schen Waisenhauses begonnen.

DAS HERZ DER STADT

Vom Thonet Schlössl weg in die Klostergasse – und wieder in eine völlig andere Welt. Der Verkehrslärm der Hauptstraße ist verschwunden. Und hinter den glatten Fassaden der einstöckigen Renaissance- und Barockhäuser, das spürt man sofort, warten Höfe und Gärten voller Wunder. Manchmal, ganz selten, steht eines der niedrigen hölzernen Tore einen Spalt breit offen, einfach so, weil es hier undenkbar scheint, dass jemand diese kurzfristige Blöße auszunutzen wagte, oder weil ein beneidenswert zufrieden aussehender Mensch gerade die mit Kopfsteinen gepflasterte Straße betritt. Und man weiß, es muss beinahe unmöglich sein, nicht beneidenswert zufrieden auszusehen, wenn man hier wohnt. Oder arbeitet. Und in diesen beneidenswerten Momenten erhascht man einen kurzen Blick in die magischen Höfe der Häuser in der Klostergasse. Man kann aber auch ganz offiziell reingehen. In eines zumindest, es ist, ohne die Nachbarhäuser herabsetzen zu wollen, eines der schönsten. Und ältesten. Ein Weinhauerhof aus der Renaissance, in dem ein wichtiger, interessanter, fast vergessener und doch immer ein wenig vertraut wirkender Teil Mödlings zuhause ist: Das Volkskundemuseum.
Geht man geduckt durch die kleine Tür im Tor mit der Nummer 16, also dem

Frisches Gebäck und eine Auswahl und Vielfalt, wie kaum anderswo: Bäckerei Kolm in der Hauptstraße 62

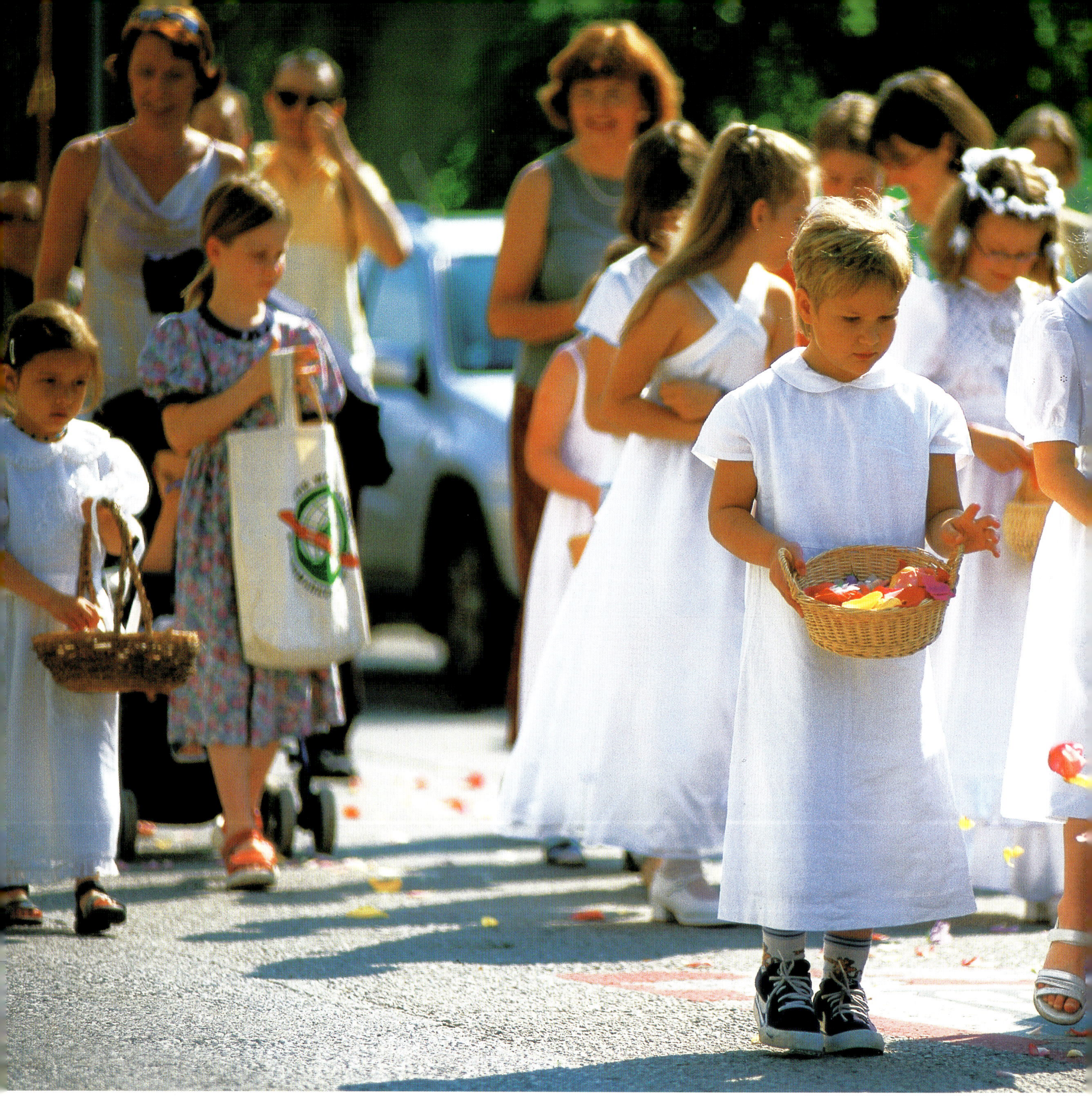

des Volkskundemuseums, und geht ein Stück die Einfahrt weiter, bis sie sich zu einem herrlichen Hof mit alter Weinpresse und hölzernen Karren öffnet – ist man eigentlich schon im Reich Rotraut Dirnbergers. Denn hier, an diesem romantischen Ort, hat die Mödlingerin nach uralten Vorbildern einen Klostergarten angelegt. Es duftet und blüht und lebt – Zitronenmelisse neben Oregano, Rainfarn, Beifuß. Seit 20 Jahren betreut Rotraut Dirnberger ein kleines, fruchtbares Geviert, eine blühende Insel im alten Hauerhof. Gemüse, Gewürze und Zierpflanzen, nur scheinbar in farbenprächtigen Chaos durcheinander gewürfelt. Denn nicht alle Pflanzen sind auch gute Nachbarn, sie brauchen unterschiedliche Standorte, dienen verschiedenen Zwecken – und sei es nur dem, das Auge zu erfreuen, was allerdings eher die Ausnahme ist. Die Aufzeichnungen der alten Klostergärtner, ausgehend vom „Capitulare de villis et curtis imperialibus", der „Landgüterverordnung" Karls des Großen, in der 73 verschiedene Gemüsearten, Gewürz- und Heilkräuter katalogisiert wurden, und Rotraut Dirnbergers langjährige Erfahrung bestimmen die Anordnung – und nur die Natur den Jahreslauf. Hier wird nicht versucht krampfhaft „Ordnung" zu schaffen, Verblühtes hat weiterhin das Recht auf seinen Platz und die abgestorbenen Äste und Stängel werden auch vor dem Winter nicht zurückgeschnitten. „In den hohlen Blattspalten und Blütenständen finden Nützlinge im Winter Unterschlupf und auch samenfressende

Jung und Alt feiern gemeinsam: Blumenmädchen und die begleitende Sängerinnen-Schar beim Fronleichnamsfest

Vögel sind dankbar, wenn sie in der harten Zeit hier noch ein bisschen Nahrung finden", erklärt die begeisterte Gärtnerin, der man einfach stundenlang zuhören und vor allem zuschauen möchte, wie sie in ihrem Garten, zupft und gießt und ein bissl schneidet oder einfach einmal innehält und inmitten ihrer Pracht für einige Sekunden nur so da steht. Donnerstag Abend und an allen Sonn- und Feiertagen ist sie hier, „gartelt" und gibt ebenso gerne wie kompetent Auskunft über ihre vielen bunten und duftenden Schützlinge. Besonders beliebt: der Geruchstest.

„Da, riechen's einmal", schnell ein paar unscheinbare Blätter abgezupft, zerrieben und unter die Nase gehalten. Ganz klar, das kenn' ich, kommt eigentlich in braunen Flaschen, und aus denen in die Suppe – „Maggi"! Ja genau, man kann aber auch Liebstöckl dazu sagen. Das nächste Kraut kenn' ich auch, aus Omas Geheimkastl in der Küche: Likör! Stimmt wieder, hat aber auch einen eigenen Namen, „Weinraute" nämlich. Und während die seidig behaarten, graugrün gefiederten Blätter des echten Wermuts olfaktorisch etwas schwächeln – „Da sind wir leider zu spät dran", klärt die Fachfrau auf – ist der Martini-Duft der Eberraute dermaßen intensiv, dass man durchaus versucht an einen „Wodka – geschüttelt, nicht gerührt" zu denken.

Wen man hier, neben Rotraut Dirnbergers Mann Robert, ebenfalls recht oft mit von der Erde braunen Knien trifft, ist Hans Peter Zelfel. Er hilft bei allen technischen Wehwehchen, wie heute etwa, nachdem das manchmal nicht ganz pflegeleichte Mödlinger Wasser – darauf kommen wir noch zu sprechen – die Bewässerungsanlage außer Betrieb gesetzt hat. Weil ihm Pflanzen an sich schon seit seiner Kindheit sehr wichtig sind. Doch Hans Peter Zelfel kennt sich nicht nur mit Kräutern und deren kulinarischer Bedeutung aus – „Sauerampfersoße zum Rindfleisch, haben Sie das schon einmal probiert?

Nächtlicher Spaziergang durch die still gewordene Stadt: Posthof am Schrannenplatz

Schmeckt fantastisch! Kriegt man heute aber leider kaum mehr." - sondern kann als studierter Historiker, Leiter des Diözesanmuseums Eisenstadt und stellvertretender Direktor des Mödlinger Museums, endlich die Frage nach der Bedeutung des Wortes „Medilihhe" beantworten: „Da gibt's zwei Theorien: ‚Waldbach, der eine Grenze bildet' könnte es bedeuten, wahrscheinlicher ist aber, ‚träge fließendes, trübes Wasser'." Na also. Erleichtert, beflügelt und mit Händen, die ganz wunderbar nach Wermut, Rosmarin, Oregano, kriechender Günsel, Salbei, Likör und, ja, Maggi duften, lasse ich mich weiter in die Stadt treiben. Nicht ohne allerdings einen kleinen, müßigen Gedanken mitzunehmen:

Wenn man sich vorstellt, hier in diesem idyllischen Hof des Volkskundemuseums gäbe es einen Gastgarten. Mit alten, verwitterten Tischen, Wein und authentischen Schmankerln aus der Gegend, nach alten Rezepten. Alles biologisch natürlich. Gewürzt mit Kräutern aus Rotraut Dirnbergers einzigartigem Garten - was wäre das für ein perfektes Ausflugsziel! Und wahrscheinlich auch ein unwiderstehlicher Anziehungspunkt für die Mödlinger selbst. Möchte man doch meinen.

Vorbei an der Pestsäule, wo ein türkischer und ein burgenländischer Standler in einem Gemeinschaftsprojekt die Mödlinger täglich mit knackfrischem Gemüse, Obst und Kräutern versorgen und hinein in die Fußgängerzone, seit 31 Jahren das, nach ein paar Anlaufschwierigkeiten, kräftig und beinahe unwiderstehlich schlagende Herz der Stadt. Gleich zu Beginn, in der von eindrucksvollen alten Häusern und prächtigen Toren gesäumten Herzogstraße, rechts, in einem der ältesten und dem vielleicht prachtvollsten der vielen schönen Häuser Mödlings, warten H.C. Artmann, Franz Theodor Csokor, Heimito von Doderer, Albert Drach, Milo Dor, Viktor Frankl, Franz Fuczek, Gertrud Fusenegger, Alexander Giese, Dietmar Grieser, Christine Lavant, Jörg Mauthe, Max Mell, Franz Rinner, Johannes Mario Simmel, Hilde Spiel, Friedrich Torberg, Karl Heinrich Waggerl und viele weitere Schriftsteller und Schriftstellerinnen auf jeden dem Bücher, dem Geschichten etwas bedeuten. Nicht persönlich natürlich, aber sie haben alle bei Veranstaltungen der „Literarischen Gesellschaft Mödlings", die heuer ihren 70. Geburtstag feierte, aus ihren Werken gelesen. Hineingehen lohnt sich, das Haus mit seinen niedrigen Räumen strahlt Wärme aus, und Obfrau Lilly Skarabela ist eine charmante Gastgeberin. Sie wurde vor sieben Jahren mit dem Goldenen Verdienstzeichen der Republik Österreich für ihre kulturellen Verdienste ausgezeichnet. Aber darüber redet sie nicht gerne. Lieber spricht sie von den hervorragenden Künstlern, die sie im Laufe der Jahre kennen lernen durfte. Von den wunderbaren Augenblicken der Zwiesprache zwischen Werk und Publikum. Davon, dass im Schnitt mehr als 100 Menschen die Lesungen besuchen, und dabei sind die vielen Abende, an denen junge, unbekannte Dichter eine Chance bekommen mitgerechnet. Und über das von Elisabeth Schicht angelegte „Archiv der ungedruckten Manuskripte". Begonnen hat es mit Werken des von Werfel und Franz Theodor Csokor entdeckten Lenz Grabner. Nach seinem frühen Tod bewahrte Elisabeth Schicht jahrzehntelang 300 ungedruckte Werke des Dichters auf. „Wohin mit Literatur, die geschrieben, aber nicht publiziert wurde?", fragte sich die Mödlinger Dichterin und damalige Leiterin der „Literarischen Gesellschaft" schließlich und begann ihr Archiv aufzubauen. „Nicht aus Protest", schrieb sie, „habe ich das Archiv für ungedruckte Manuskripte, auch Nachlässe, gegründet." Es ging ihr um die „Aufbewahrung aller Manuskripte, die in Gefahr sind, eines Tages verloren zu gehen oder in einer behüteten Lade als Familienandenken pietätvoll gehortet zu werden." Denn diese Arbeiten sollten zugänglich bleiben - als Voraussetzung für eine spätere Entdeckung. Eines war der ungewöhnlichen Frau natürlich klar: „Die meisten Verfasser der Manuskripte werden wahrscheinlich die Entdeckung des Wertes ihrer Arbeit nicht erleben. Sie werden aber auch nicht resignierend zur Kenntnis nehmen müssen, dass nie jemand davon erfahren wird." Ein schönes, ein bemerkenswertes Haus.

Eine Einkaufsstadt mit großer Auswahl für Menschen, die Individualität lieben und das Außergewöhnliche suchen

BERATUNG FÜR INNEN UND AUSSEN
LICHTPLANUNG
OBJEKTLICHT
MONTAGE
ELEKTROINSTALLATION
BERATUNG VOR ORT NACH TERMINVEREINBARUNG

ES WERDE LICHT

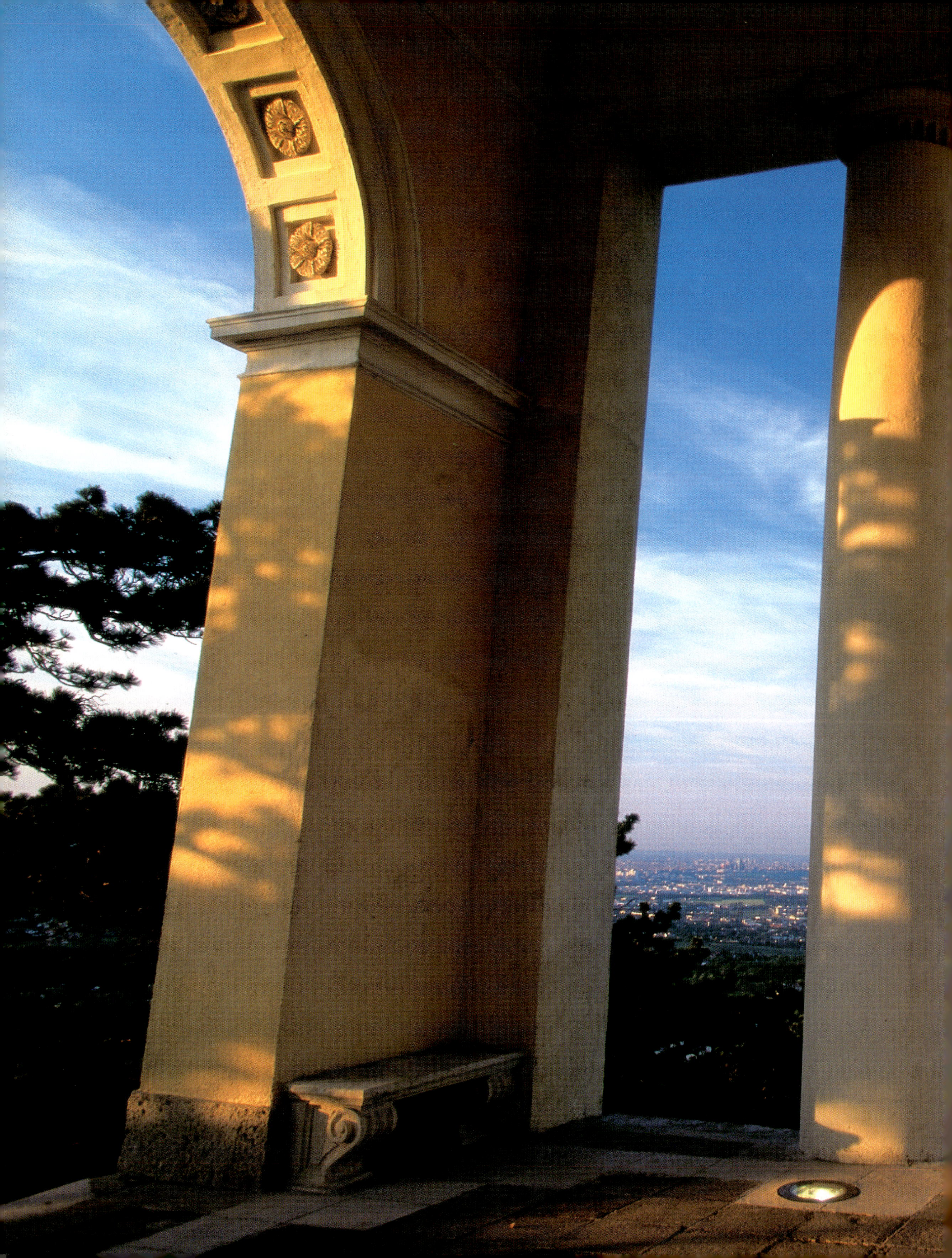

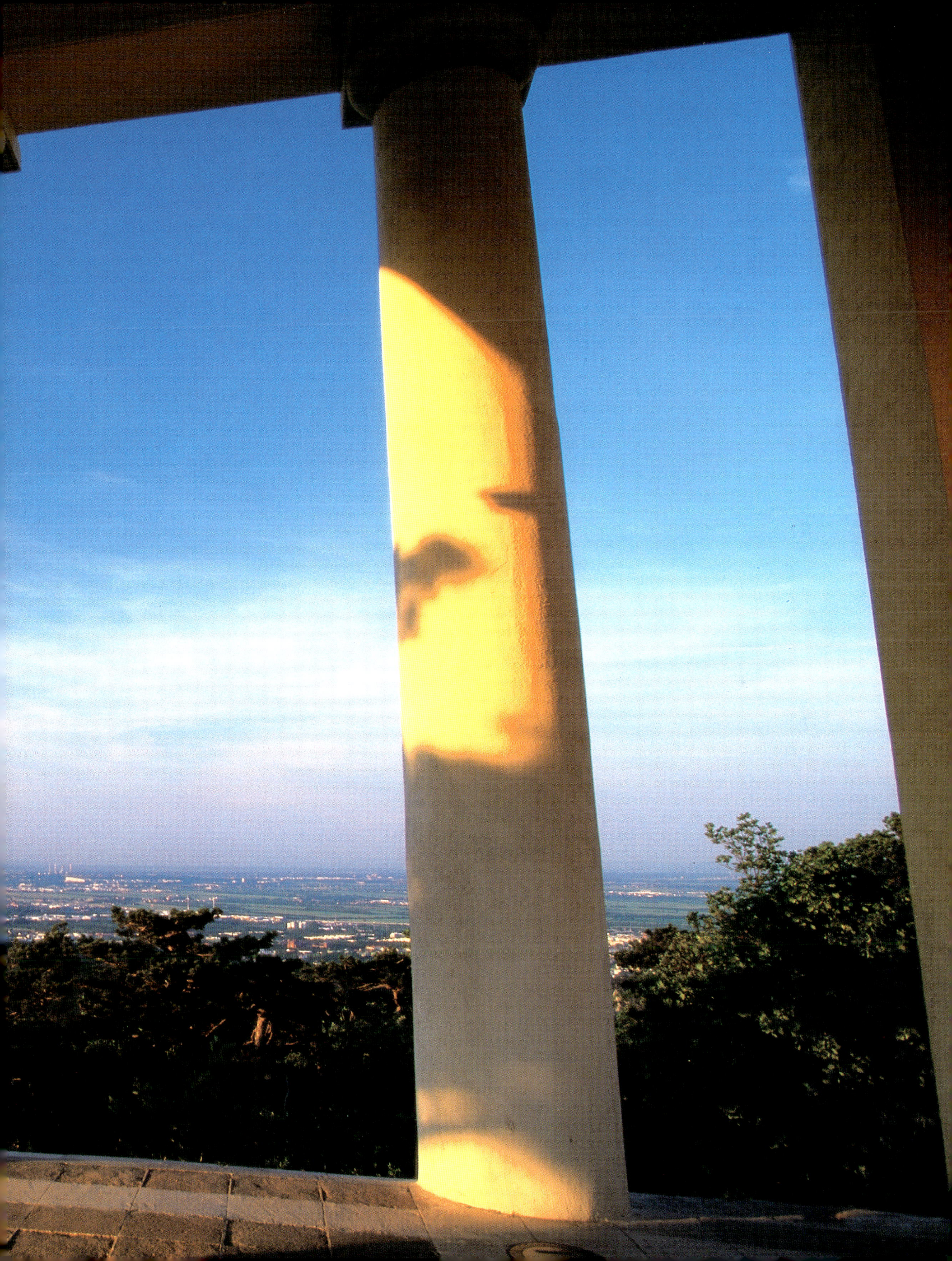

Foto vorhergehende Seite:
Husarentempel auf dem kleinen Anninger im wunderschönen
Mödlinger „Hauswald", dem Naturpark Föhrenberge

Italienisches Flair pur, das Renaissance-Rathaus, die niedrigen, Sgraffito-geschmückten Bürgerhäuser – kaum eine österreichische Stadt präsentiert sich so verführerisch wie Mödling. Auch wenn frühe Mödling-Fans wie Schönberg oder Anton Wildgans vielleicht etwas verwundert wären. „War der alte Brunnen nicht in der Mitte des Schrannenplatzes", würden sie sich vielleicht fragen und etwas erschrocken nach dem Schöffel-Denkmal Ausschau halten, aber beruhigt feststellen, dass es eh noch da ist. Nur etwas in Richtung „Konditorei Gössl" gewandert.

EINLADUNG ZUM BLEIBEN

Ja, es hat sich einiges bewegt, in der Altstadt. Im wahrsten Sinne des Wortes. Vor zwei Jahren erst wurde die „Fuzo", wie sie in Mödling liebevoll heißt, neu gestaltet, drastisch vielleicht, mochte damals mancher Skeptiker denken. Mit der Versetzung eines Brunnens und eines Denkmals, der neuen Pflasterung – ein „unwissender" Neuankömmling stellt aber nur eines fest: Hier lädt einfach alles zum Bleiben, zum Erkunden und Bewundern ein. In jeden Innenhof möchte man hineinschauen, sich an jeden Schanigarten-Tisch zwischen Posthof und Schrannen-Beisl niedersetzen und stundenlang die malerische Szenerie bewundern. Die Elisabethstraße entlang bummeln. Oder

Nachtleben in einer „südlichen" Stadt:
Am Schrannenplatz trifft und kennt jeder jeden.
Schauspieler, Politiker, Verkäufer, Studenten –
da wird diskutiert, gegessen, getrunken … und gut gelebt.

die schmale Pfarrgasse hinauf, links die wuchtige Außenmauer des Stadtamtes, dessen beeindruckendes Inneres heuer durch eine, wie extra für ihn geschaffene Shakespeare-Aufführung belebt wurde. Rechts die kleinen Häuser, dicht gedrängt am Hang, und doch bleibt immer wieder Platz für einen alten Baum, einen üppigen, betörend duftenden Hollerstrauch. Wie hieß es früher hier in der Gegend? Ein jeder Bauer solle dreimal den Hut vor einem Hollerstrauch abnehmen, weil er von der Wurzel bis zu den Blüten so gut und heilsam ist. Heute kennt man ja leider kaum mehr die „bachenen Hollerstrauben". Schade eigentlich, denn die sind schon echt köstlich. Zumindest zunicken könnte man ihm also, dem Strauch, rechts vor der St. Othmar Kirche. Eindrucksvoll und mächtig thront sie über der Stadt, die ehemalige Wehrkirche, in die sich die armen Mödlinger des öfteren flüchteten, vor und in der viele Menschen ihr Leben lassen mussten. Heute ist sie eine beliebte Hochzeitskirche, mit ihrem üppigen barocken Gewölbe und dem klassizistischen Hochaltar, vielleicht ja auch ein bisschen wegen der vor einigen Jahren eingebauten Fußbodenheizung. Es ist ja auch ein wunderbarer Platz für eine festliche Agape, hier, zwischen der Kirche, den ersten Stufen auf den Kalenderberg und dem romanischen Karner, den vor knapp 850 Jahren „Herzog" Heinrich der Ältere erbauen ließ. Und durch dessen schauriges Geheimnis einst Bürgermeister Josef Schöffel und der Anatom Joseph Hyrtl zueinander fanden. Noch heute sieht man die Kerben, die wütende Krummsäbel in die eisenbeschlagenen Tore geschlagen haben.

Dieser großartigen Kirche St. Othmar hat ein weiterer großer Mödlinger ein sprachliches Denkmal gesetzt:
„An meinem Garten ragt ein Gotteshaus uralt

Eine Stadt, in der 1100 Jahre Geschichte gehegt und gepflegt werden und herrlich renovierte Häuserzeilen kultivierte Schönheit widerspiegeln: z.B. der Europabrunnen vor dem Rathaus

WILLKOMMEN
IN DER
Schönheitswerkstatt

MODE

mit grauen Mauern auf in gotischer Gestalt.
Der nahe Bruch gab Stein, das Holz der nahe Berg,
so strebt der Pfeiler auf und Firstes Balkenwerk.
Die diesen Bau erdacht, ihr Schicksal ist nicht kund,
die toten Meister nennt kaum Legende Mund.
Um so lebendiger verblieben ist der Stein, dem Efeu
gibt er Halt, die Güsse schlürft er ein. Die Schwalbe
unterm Sims hat ihren Nestbesitz, der Tauber gurrt
vom Dach, das Echslein haust im Ritz, und eh' noch
Frühling ist in jedem jungen Jahr, zu Liebesflug und
Brut einzieht ein Falkenpaar. Dann treiben Gras und
Strauch aus Moos- und Mauerwerk, und was der
Mensch getürmt, ist wiederum ein Berg.
Das nenn' ich Kunst, die ihres Schöpfers Spur so
stolz vergessen macht und heimkehrt in Natur!
Wir andern bringen es mit Müh' und Not zu End',
dass man uns selbst noch weiß und unser Werk nicht
kennt. Das kommt vielleicht daher, dass wir zu sehr
vertraut auf Menschenkunst und –gunst und nicht
für Gott gebaut."

Natürlich, der zweimalige Burgtheaterdirektor Anton Wildgans wurde in Wien geboren, „Unter den Weißgärbern", aber er war einer jener erstaunlich vielen unter den außergewöhnlichen Menschen, die sich Mödling als „ihre" Stadt ausgesucht haben. Ganz entschieden ausgesucht. 1914, mit etwas mehr als 30 Jahren, bezogen er und seine Frau Lilly ein Haus in der Hauptstraße 38, gleich in der Nähe der Drachs – den Lebensweg des Sohnes der Familie sollte er ja noch maßgeblich beeinflussen. Zwei Jahre später kaufte Wildgans eine etwas „schweizerisch" anmutende Villa in der Andergasse, die sich so romantisch an den Kalenderberg anschmiegt und heute Anton Wildgans-Weg heißt. Hugo von Hofmannsthal und Stefan Zweig waren hier häufig zu Gast, ebenso wie Max Mell, Felix Braun, Oskar Kokoschka. Und in dieser direkten Nachbarschaft zur Mödlinger Kirche schrieb Wildgans

Zwei Welten treffen aufeinander: Die Waisenhauskirche am Hyrtlplatz und die Höhere Lehranstalt für Mode- und Bekleidungstechnik im Hintergrund

65

vor mehr als 80 Jahren den leider auch noch immer allzu gültigen Satz: „Verdammt, wer heut noch Grenzen kennt, durch die Gewalt die Völker trennt." Und hier schrieb er auch seine, längst in die Geschichte eingegangene, „Rede über Österreich", durchdrungen von der Überzeugung von der Lebensfähigkeit eines kleinen, jungen Landes.

Spektakel müssen sein

Zwischenstopp in einem entzückenden kleinen Häuschen, uralt, gleich hinter dem Rathaus: Die „Agape - Bar Kleibensturz". Mediterranes in perfekt harmonischem Mix mit Bodenständigem, zwei runde Tische draußen, auf dem Teller frischer Saunaschinken und bissiger Kren auf deftigem Kärntnerbrot oder San Daniele auf Ciabbata oder wunderbare Eierspeis mit Kürbiskernen und Kürbiskernöl. Oder Oliven und Riesenkapern. Im Glas ein dunkler Zweigelt oder ein Merlot – und aus den Hifi-Boxen im Inneren dringen leise die sehnsüchtigen Klänge eines Jordi Savall. So lassen sich Nachmittage sinnvoll verbringen. Besonders, wenn man mit Nikki am gleichen Tisch sitzt, die sich hier nicht nur gut auskennt, sondern „ihre" Stadt auch funkensprühend und ansteckend liebt. „Am Abend solltest mal kommen, da ist immer was los. Alles trifft sich hier und jeder kennt jeden, Schauspieler, Politiker, Verkäufer, Studenten – da wird diskutiert, getratscht, Musik gehört, gegessen, getrunken", sagt sie und es gibt wohl niemanden, der nicht gerne einmal mit ihr hier vorbeischauen würde. Nikki? Ja, ein echtes Mödlinger Kind, das heißt, ihre Eltern haben eigentlich in der Hinterbrühl gewohnt, aber sie ist hier in die Schule gegangen, wollte mit sechs eigentlich noch Fee werden, entschied sich aber zum Glück doch für die Schauspielerei, wohnt mittlerweile schon lange in Mödling und ist ein ebenso wesentlicher wie charmanter Bestandteil des kulturellen Lebens der Stadt: Nicole Fendesack. Nein, „Nikki" ist in diesem Fall ausnahmsweise keine journalistische Respektlosigkeit gegenüber der auf fast allen Wiener Bühnen engagierten und durch Filme wie „Hinterholz 8" oder „Dieses naive Verlangen" und beinahe alle populären TV-Serien der letzten Zeit bekannten Schauspielerin. „In Wien bin ich vielleicht die Frau Fendesack – aber in Mödling bleib ich immer die Nikki", sagt sie. Und beschreibt dadurch auch die spielerisch leichte Atmosphäre, die diese Stadt so besonders macht. Und aus Mödling mag man Nikki gar nicht wegdenken, weil es dann auch ihre Theatergruppe „Spektakel müssen sein" nicht gäbe, die seit Jahren für ambitioniertes, kluges, witziges und hochwertiges Theater steht. „Liebe, Leid und Lust", ihre Bearbeitung der frühen Shakespeare-Komödie „Love's Labour's Lost", stand heuer als Großproduktion auf dem Programm und begeisterte im Konzerthof des Stadtamtes tausende Zuschauer. Auch auf eine ganz besondere Aufführung des Musicals „Grease" hätte man dann verzichten müssen. Unter Nicole Fendesacks Regie studierten die Schüler der Klassen 3b und 2c an der „Jakob Thoma Hauptschule" die legendären Rollen von John Travolta, Olivia Newton John & Co ein – die 60 Kinder auf der Bühne des Arbeiterkammersaales wurden zurecht umjubelt als wären sie die Hollywood-Originale. Und außerdem würde ohne Nikki das Kürzel „UPS" auch in Mödling nur für einen globalen Zustellservice stehen. So aber kennt hier jedes Kind die „Unplugged Play Station", die mittlerweile im „Haus der Jugend" zuhause ist. Eine „Spielstätte für Jugendliche" wird hier geboten, jenseits von Bits, Bytes und Daumenakrobatik. Etwa 50 Jugendliche nutzen inzwischen schon die Chance, erste schauspielerische Erfahrung unter professioneller Anleitung zu sammeln, eine Möglichkeit sich zu profilieren, natürlich, aber ohne den Druck, stark sein zu müssen – und auf dem wundervollen Terrain der Kunst. „Das ‚Haus der Jugend' ist überhaupt fantastisch", kommt Nikki ins Schwärmen, „im Cafe gibt's eine eigene DJ-Line, die die Jugendlichen selbst gestalten, Workshops in Sachen Elektronischer Musik werden veranstaltet und es gibt auch Proberäume für lokale Nachwuchsbands." Ja und die haben in der so

Nachts sprechen Lichter eine eigene, stumme Sprache und deuten Werte ohne Worte: St. Othmar Kirche und Rathaus

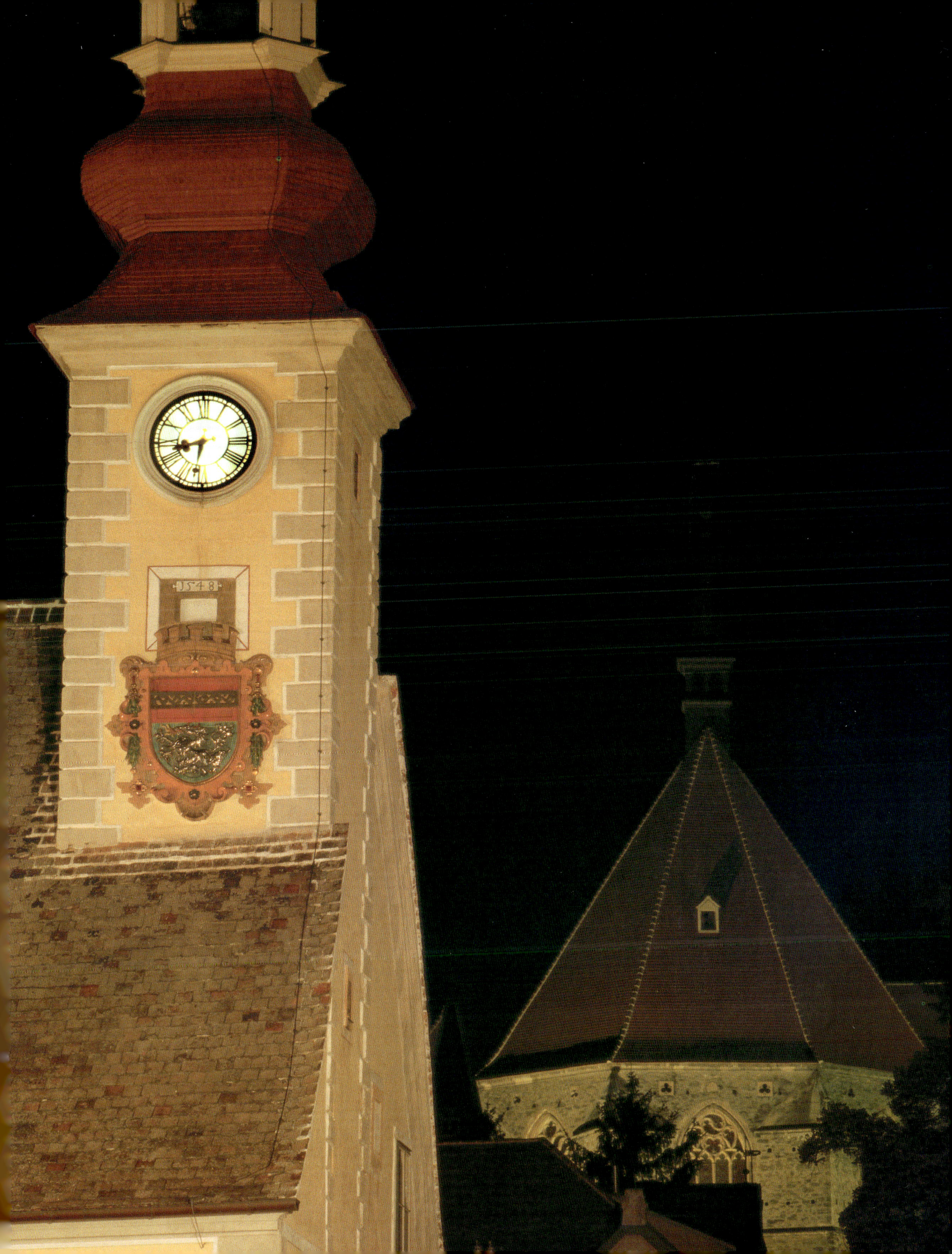
1548

genannten „Red Box", einem modernen Veranstaltungsraum für 120 Zuschauer, auch die Gelegenheit zu zeigen, was sie können. Was auch durchaus renommierte österreichische Bands immer wieder gerne tun. Das Line-up des letzten „Ohrschmärz-Festivals" liest sich wie das Who-is-Who der neuen heimischen Rockszene: 3 Feet Smaller, Julia, spout, Proxonic. Und weil in einem Umkreis, dessen Radius durchaus bis Wien reicht, nichts vergleichbares zur „Red Box" vorhanden ist, wurden zum Beispiel auch die Wiener Neudorfer „Never Ending Circle" zu echten „Local Heroes", die beim „Rock gegen Gewalt"-Fest ihre Debüt-CD präsentierten.

Jetzt ist es natürlich nicht so, dass sich Nicole Fendesack rockmäßig ständig die Ohren volldröhnt – aber sie weiß, was los ist und dass es gut ist, was da los ist. Eher sitzt sie, wenn sie schon einmal ein bisschen Freizeit hat, beim Heurigen. Mögen tut sie alle, und kennen wohl auch, aber am liebsten ist ihr derzeit der „Enigl". „Ein wirklich sympathischer Familienheuriger, gleich bei mir ums Eck", erklärt Nicole Fendesack. Außerdem ist sein Pinot Noir nicht von schlechten Eltern, wie man hier ruhig hinzufügen darf, der Zweigelt ausgesprochen samtig, der Grüne Veltliner pfeffrig und der Spinat-Schafskäsestrudel ein Gedicht. Apropos Gedicht: Das lässt sich reinen Gewissens auch über die „Penne mit Pecorino und Oliven" im „Babenbergerhof" sagen. Oder den Ruccola-Vogerlsalat mit Erdäpfeln und Eierschwammerln. Und erst den Bachsaibling mit Krebserln in leichter Kerbelsauce. Der Stammvater der heutigen Besitzer, Karl Bach Breier, kam übrigens aus dem wunderschönen Ort „Hotzenplotz" nach Mödling, genau, die Stadt gibt's wirklich, wegen der Sache mit dem Räuber könnte man ja einmal seine Urur-Enkel fragen. Ach ja, die mit Szechuan Pfeffer gebratene Entenbrust auf mediterranem Gemüse bei Nina und Florian Fritz, also eigentlich in ihrem „Restaurant Schiller" sollte man sich auch nicht entgehen lassen. Weil wir grad dabei sind.

„Super lustig sind ja auch immer die Kolonie-Festln. Und wo du unbedingt noch hin musst", sagt die schönste Fremdenführerin von allen, „ist das neue Lokal vom Peter Meixner, da ist es wirklich gemütlich."

Und wie Recht sie hat! In Peter Meixners „Zum Guten Tropfen" lässt es sich gut sitzen. Drinnen rustikal gemütlich, draußen äußerst lauschig unter einem dichten Weinranken-Himmel. Das Bier ist frisch, kalt und zügig – damit meine ich jetzt hervorragend – gezapft und hinter einem hohen grünen Gartenzaun mäht der Nachbar seinen Rasen, dass einem ganz wehmütig ums Herz werden könnte vor lauter Kleinstadtidylle-Retro-Stimmung. Wozu auch der komplett mit Waschbetonplatten ausgelegte Boden des kleinen Gastgartens sorgt. Dass mir hier bitte niemand versteckte Ironie vermutet – es ist wirklich ein perfektes Platzerl beim Meixner. Dafür sorgt natürlich auch das Essen, erwartungsgemäß herzhaft und über-

Eine echte Stadt in der Stadt und ein europaweites Aushängeschild Österreichs: Die HTL Mödling ist mit knapp 3400 Schülern und 400 Lehrern die größte technische Schule Europas

Schüleralltag in der Höheren Technischen Bundeslehr- und Versuchsanstalt (HTL): Werkstoff-Prüfung in der Lehrwerkstätte

raschend vielseitig. Denn neben dem obligaten Riesen-Cordon Bleu und dem extrazarten Kalbs-Wiener gibt's auch Kalbsrahmherz mit hausgemachten Bandnudeln. Und für die Toskana-Fraktion eine formidable Lammschulter, gefüllt, die wirklich alle Stückln spielt. Mit Thymian-Risotto. Zum Beispiel, denn alles kann man ja bei einem Besuch wirklich nicht essen, obwohl auch das Schnitzel im Erdäpfelteigmantel äußerst interessant geklungen hätte. Und erst die Mangoldcremesuppe mit Curryobers und Schninkenschöberl. Eine ausgezeichnete Grundlage für die wirklich guten Tropfen im „Guten Tropfen" ist selbstverständlich das Bauerngröstel mit Eierschwammerln, Schinken, Speck, Ei und Käse. Auch mit einem Hauch Thymian. Gratiniert. Das kann was. Und so trifft man hier auch auf ein buntgemischtes Völkchen, das in fröhlicher Eintracht über seinen jeweiligen Lieblingsschmankerln sitzt. Italophile Lehrer neben lokalen Platzhirschen mit bis zum Bauchnabel aufgeknöpften Hemden über der braungebrannten Heldenbrust, strahlend schöne Schauspieler neben blassgesichtigen, schüchternen HTL-Schülern – und Schülerinnen natürlich –, die nach einer großangelegten Geldtaschl-Auslehraktion erleichtert feststellen:
Ein Cordon geht noch!
Aber wie war das noch mit der Kolonie, die Nicole Fendesack erwähnt hat? Das ist doch die Arbeitersiedlung, die 1873, als eine der ersten Österreichs, gleich östlich der Südbahn gebaut worden war. Im selben Jahr als auch der Viadukt über die Klausen fertig wurde, mit dem sie allerdings nur insofern zu tun hat, als sie auch unter Denkmalschutz steht. Seit 1979. Errichtet wurde sie damals für die Arbeiter der Lokomotivfabrik. Schon zwei Jahre später wurde aus der aber eine Schuhfabrik, und

Die Burgruine Mödling inmitten des Naturparks Föhrenberge, den die Mödlinger Schriftstellerin
Elisabeth Schicht als „vielfältiger, romantischer und liebenswürdiger als der westliche Wienerwald" beschrieb

Ein großer Kaiser trifft auf einen großen Mediziner: Kaiser Franz Joseph-Büste am Joseph Hyrtlplatz

zwar die „Fränkel'sche" Schuhfabrik, weshalb die Bauten der Kolonie auch lange Zeit „Schusterhäuser" genannt worden waren und womit wir jetzt einem vielleicht ganz besonders wichtigen Sohn auf der Spur sind. Na gut, sagen wir einem Enkel der Stadt. Einer der, wenn Sie diese Zeilen lesen, vielleicht schon der mächtigste Mann des mächtigsten Landes der Welt ist. Vielleicht auch nicht – aber dann hat er es zumindest versucht. Wir sprechen von JFK, also John Forbes Kerry, der sich inzwischen auch in Interviews mit amerikanischen Medien stolz auf seine „österreichischen Wurzeln" zeigt. Und dass ein gutes Stück dieser Wurzeln gerade hier in Mödling liegt, das kam so:

Alfred Fränkel, der Besitzer oben genannter Schuhfabrik, hatte nämlich eine Schwester namens Mathilde in Benisch, heute Horni Benesov in Tschechien. Die zog, als ihr Mann, der Braumeister Benedikt Kohn, verstorben war, mit ihren Kindern im Jahr 1880 nach Mödling. Ihr Sohn Friedericus, genannt Fritz, war damals sieben Jahre alt. Die Familie Kohn ließ sich in der Feldgasse (heute Schillerstraße) 67 nieder, Fritz ging zur Schule, half beim Onkel Alfred in der Fabrik und wurde nach der Matura recht bald Prokurist in dessen Firma. Mit 27 heiratete er die Mödlingerin Ida Löwe, ein Jahr darauf kam der erste Sohn – John Kerrys Onkel Erich – zur Welt. Und da kommt nun der Name „Kerry" ins Spiel. Fritz und Ida ließen sich im Februar des Jahres 1901 nämlich in der Pfarrkirche St. Othmar gemeinsam mit ihrem Sohn Erich taufen. Und beantragten eine offizielle Namensänderung, deren Bewilligung Felix Gundacker, Direktor des Wiener Instituts für Historische Familienforschung entdeckte: „Die K&K. niederösterreichische Stadthalterei hat mit Erlaß vom 17. Dez. 1901, Zahl 116104 dem am 10. Mai in Benisch geborenen und nach Freudenthal zuständigen Procurist der Schuhfabrik in Mödling, sowie dessen

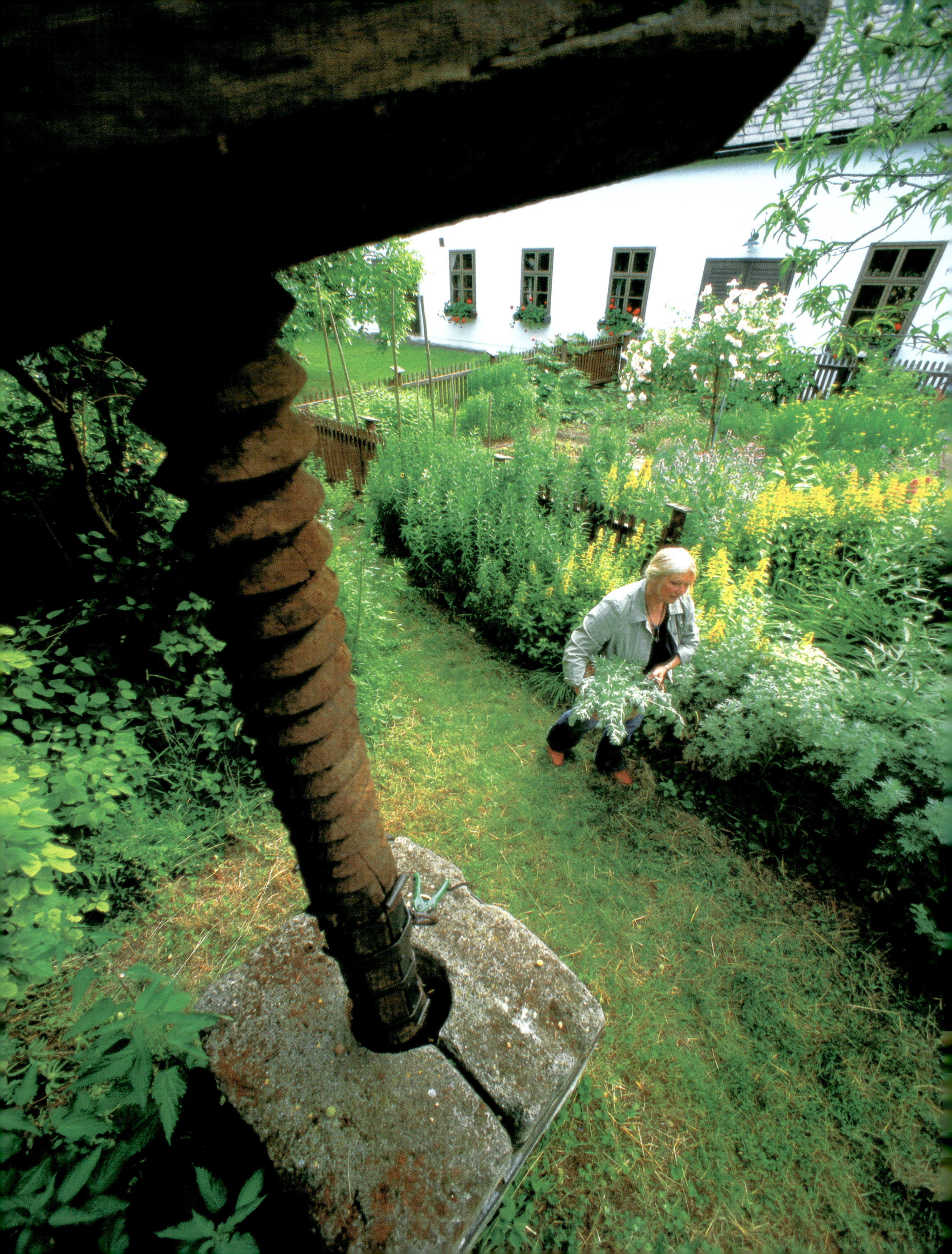

Gattin Ida, geborene Löwe und dessen am 26. Feb. 1901 geborenen Sohne Erich die erbetene Bewilligung zur Änderung des Familiennamens Kohn in Kerry erteilt." Wie man gerade auf den in Österreich nicht eben häufigen Namen Kerry kam? Felix Gundacker kennt dazu eine Legende, die vielleicht nicht hundertprozentig wahr, aber doch sehr hübsch ist: Fritz und sein älterer Bruder Otto, der ebenfalls für eine Namensänderung war, da er sich dadurch bessere Chancen für seine Offiziers-Karriere beim Militär erhoffte, konnten sich auf keinen Namen einigen und ließen deshalb einfach einen Bleistift auf eine Europa-Karte fallen. Seine Spitze zeigte auf die irische Grafschaft „Kerry". Und damit war die Frage geklärt. Warum Fritz im Jahr 1904 beschloss, nach Amerika auszuwandern hängt vielleicht damit zusammen, dass er zwar bei seinem Onkel sehr beliebt war und auch fachlich ein hohes Ansehen genoss, Alfred Fränkel aber 1902 verstarb und seine Erben die Schuhfabrik ohne Rücksichtnahme auf ihren Cousin verkauften. Inklusive der Kolonie, die auch dem Schuhfabrikanten gehört hatte. Prägend für den Gründer der „Kerry-Dynastie" könnte aber durchaus sein gutes Verhältnis zu seinem Fabrikanten-Onkel, und dessen gutes Verhältnis zu seinen Arbeitern gewesen sein. In Fränkels „Schusterdörfl" waren die Lebensbedingungen weit über dem üblichen Niveau dieser Zeit. Die hygienischen Bedingungen wurden laufend verbessert, die Familien hatte sogar kleine Gärten – Fritz Kerry müssen die Lebensumstände „seiner" ehemaligen Arbeiter paradiesisch erschienen sein, nachdem er sich in Amerika umgesehen hatte. Ausgesprochen amüsiert zeigte sich übrigens Cameron Kerry, der jüngere Bruder des Präsidentschaftskandidaten John, über die Familiengeschichte. Als er 1983 heiratete, konvertierte der Bostoner Anwalt nämlich zum Glauben seiner Frau – einer Jüdin. Und so schloss sich gewissermaßen ein Kreis, genau 90 Jahre nach der Geburt des Ahnherren Friedericus Kohn im mährischen Benisch.

Einmal Mödlinger – immer Mödlinger

Und wie es im Urlaub so ist, man lernt leicht Leute kennen. Nette Leute. Im Kaffeehaus, beim Spazieren gehen, weil man sich nach dem Weg erkundigt oder am gleichen Tisch zu sitzen kommt, im Winter beim Eislaufen und auf dem romantischsten Christkindlmarkt der Welt – aber dazu kommen wir erst, weil jetzt ist es erst einmal Sommer – im Stadtbad, einer tollen, neu renovierten Anlage im Bauhaus-Stil, was man natürlich nicht wissen muss, um auf der 80-Meter-Wasserrutsche seinen Spaß zu haben. Oder natürlich bei einem Subbuteo-Turnier. Wie meinen? Sagt mir aber bloß niemand, dass er keine Ahnung hat, was Subbuteo ist! Das schnellste, realistischste, spannendste, lustigste – das einzig wahre Tischfußball-Spiel. Und Mödlings Finger-Kicker sind verdammt gut, Niederösterreichischer Meister, Sieger über den Weltranglisten-Dritten Mattersburg, mit Manfred Pawlica ballestert der absolute österreichische Spitzenmann in ihren Reihen und mit Marios Anastassiou verfügen sie über einen waschechten griechischen Legionär und Pokalsieger, auf den wir später noch ausgiebig zu sprechen kommen werden. Der Verein heißt offiziell „Tischfußball-verein Bahnwiese Mödling", also TVBM und trainiert wird einmal wöchentlich, immer montags von 19 bis 22 Uhr, im Schöffelhaus in der Mannagettagasse 22. Und die Seele dieses Vereins sind die beiden dynamischen Thomase, also Busch und Bergholz, beides Gründungsmitglieder. Wobei der eine, also der Bergholz, mittlerweile zwar in Gumpoldskirchen wohnt, aber hier aufgewachsen und ins Gymnasium gegangen ist und überhaupt: Einmal Mödlinger, immer Mödlinger. Egal, jedenfalls trifft man die beiden Thomase den Busch und den Bergholz, an sonnigen Samstag Nachmittagen gern im Schanigarten des „Cafe Kanzlei", oder, wenn der Nachmittag schon ein bisschen fortgeschritten ist und sanft in den Abend überzugehen verspricht, im „Mautwirtshaus", gleich ums Eck. Das hat natürlich auch einen Schanigarten, von dem aus man einen schönen Blick auf die alte Spitalskirche hat. Da sitzt es sich nett, Edda Mayer führt das legendäre Gasthaus im Sinne ihres legendären Vaters Franz Josef weiter, der ja wie kaum ein anderer Privatmann die kulturelle Szene Mödlings belebt hatte. Mit seiner „Bühne Mayer", direkt im Wirtshaus, auf der Theater gespielt, Kabarett gemacht, gejazzt und gerockt wurde, dass sich die Pawlatschen-Bretter bogen. „Die Kunst war sein Leben", meint Nicole Fendesack zu dem Mödlinger Urgestein, und sie muss es wissen, denn auch der Fernseh- und Theater-Star hatte als junges Mädel seine ersten Auftritte beim „Mayer". Dass er selber ein hervorragender Filmemacher war, sollte man nicht vergessen, seine Naturfilme und vor allem die preisgekrönte Dokumentation „Beethoven in Mödling" lohnen es, immer wieder gesehen zu werden.

Das sieht jetzt wieder einmal wie eine perfekte Überleitung auf das Leben Ludwig van Beethovens in Mödling aus, ist aber keine. Auf den großen Komponisten müssen wir leider an späterer Stelle eingehen, weil wir uns hier sonst noch völlig verzwirbeln. Also, wo waren wir? Genau, im Mautwirtshaus. Es sitzt sich also nett, zu plaudern gibt's genug und es muss gar nicht immer Subbuteo sein, obwohl das ja allein schon ein beinahe unerschöpfliches Gebiet wäre – oder haben Sie gewusst, dass „wir", also wir Mödlinger und damit ja auch alle Restösterreicher, uns gute Chancen bei der diesjährigen WM in Bologna ausrechnen dürfen? Aber egal, die beiden Thomase mögen Musik, der eine, also der Bergholz, eher als Konsument, was einer guten Plauderei an sich ja nicht abträglich ist, der andere durchaus auch aktiv, was vielleicht damit zusammenhängt, dass sein Bruder inzwischen als Opernsänger in Wien lebt. Ganz so weit ist Thomas Busch zwar nicht, aber er engagiert sich mit vielen anderen Mödlingern in der Theater- und Musical-Gruppe von Günther Mohaupt, dem Verein „Audite". Immer wieder lässt der mit spektakulären Uraufführungen aufhorchen, diesen Sommer wurde die „Meuterei auf der Bounty", mit großem Erfolg, im „Stadttheater Mödling" inszeniert. Und das ist ja ein Haus mit langer und anspruchsvoller Tradition. Dem Kinopionier und Theaternarren Karl Juhasz gelang es schon kurz nachdem er sich mit der Eröffnung des Hauses im Jahr 1913 seinen Traum erfüllte, Künstler wie Alexander Girardi, Leo Slezak, Lucie Englisch, Hansi Niese oder Robert Stolz nach Mödling zu bringen. Und natürlich dirigierte Arnold Schönberg hier auch seine „Gurre-Lieder". Juhasz musste sich damals aber auch ordentlich anstrengen, denn das Publikum war einigermaßen verwöhnt. War doch seine „Mödlinger Bühne" die Nachfolgerin des ehrwürdigen Sommertheaters im Stadtpark. Und dort war unter dem rotbärtigen Direktor Ferdinand Artl sehr ambitioniertes und höchst anspruchsvolles Schauspiel geboten worden. Strindberg wurde da gespielt, Ibsen, Hauptmann, Gorki

Eine Stadt am Land, urbanes Leben im Grünen: Liebevoll gepflegter Bauerngarten im Volkskundemuseum (vorhergehende Seite).
Besuch beim Heurigen Pferschy-Seper und in der „Schöffelstadt" in der Hartigstraße

und Schnitzler – zwar ohne große Stars aus Wien, aber die Frau des Direktors muss als „Erste Tragödin" doch mehr als beeindruckend gewesen sein. Immerhin veranlasste ihre Bühnenpräsenz den berühmten Dichter Franz Theodor Csokor, auch er ein überzeugter Wahlmödlinger, Jahrzehnte später folgende Zeilen zu schreiben: „Und wäre die Wolter selbst als Gast gekommen, ich weiß nicht, ob wir ihr nicht damals Frau Direktor Olga Artl vorgezogen hätten?"

In diesem Sinne – also ambitioniert, mutig und voller Ideen führt seit nunmehr sieben Jahren Bruno Max das „Mödlinger Stadttheater" in der Babenbergergasse 5. Er hatte schon zuvor mit dem „Theater in der Scala" und dem „Theater zum Fürchten" in Wien und in den Gewölben der Burg Liechtenstein einiges Aufsehen erregt. Nach einigen wechselnden Direktoren, deren Konzepte keinen Zuspruch beim Mödlinger Publikum gefunden hatten, war man allerdings in der Stadtverwaltung etwas vorsichtig. Altbürgermeister Harald Lowatschek ließ es sich nicht nehmen, selbst den Vorsitz der Kommission zu führen, der sich die Kandidaten stellen mussten – und bewies ebenso großen Mut wie künstlerisches Gespür. Denn unter wesentlich etablierteren Kandidaten wurde Bruno Max ausgewählt – und der dankt es seither mit einem Programm, für das es in keiner vergleichbaren Stadt Vergleichbares gibt, nämlich „Schauspielhaus" und „Josefstadt" in einem. Und vom Einstand mit Shakespeares „Richard III" bis zum „Hofmeister" von Lenz, der übrigens die großartige junge Schauspielerin Birgit Krammer wieder in die Stadt brachte, in der sie aufgewachsen ist, honorierte das Publikum den Einsatz des Theater-Besessenen.

Und wenn im Sommer Felix Dvorak, dessen „Mödlinger Komödienspiele" 2004 mit großem Erfolg ihr zehnjähriges Jubiläum feierten, ins Stadttheater einzieht, zieht Max mit

Das Volkskundemuseum ist nicht nur wegen des außergewöhnlich schönen Bauerngartens einen Besuch wert: Hier findet der Suchende Vieles, u.a. „Ostereier aus aller Welt"

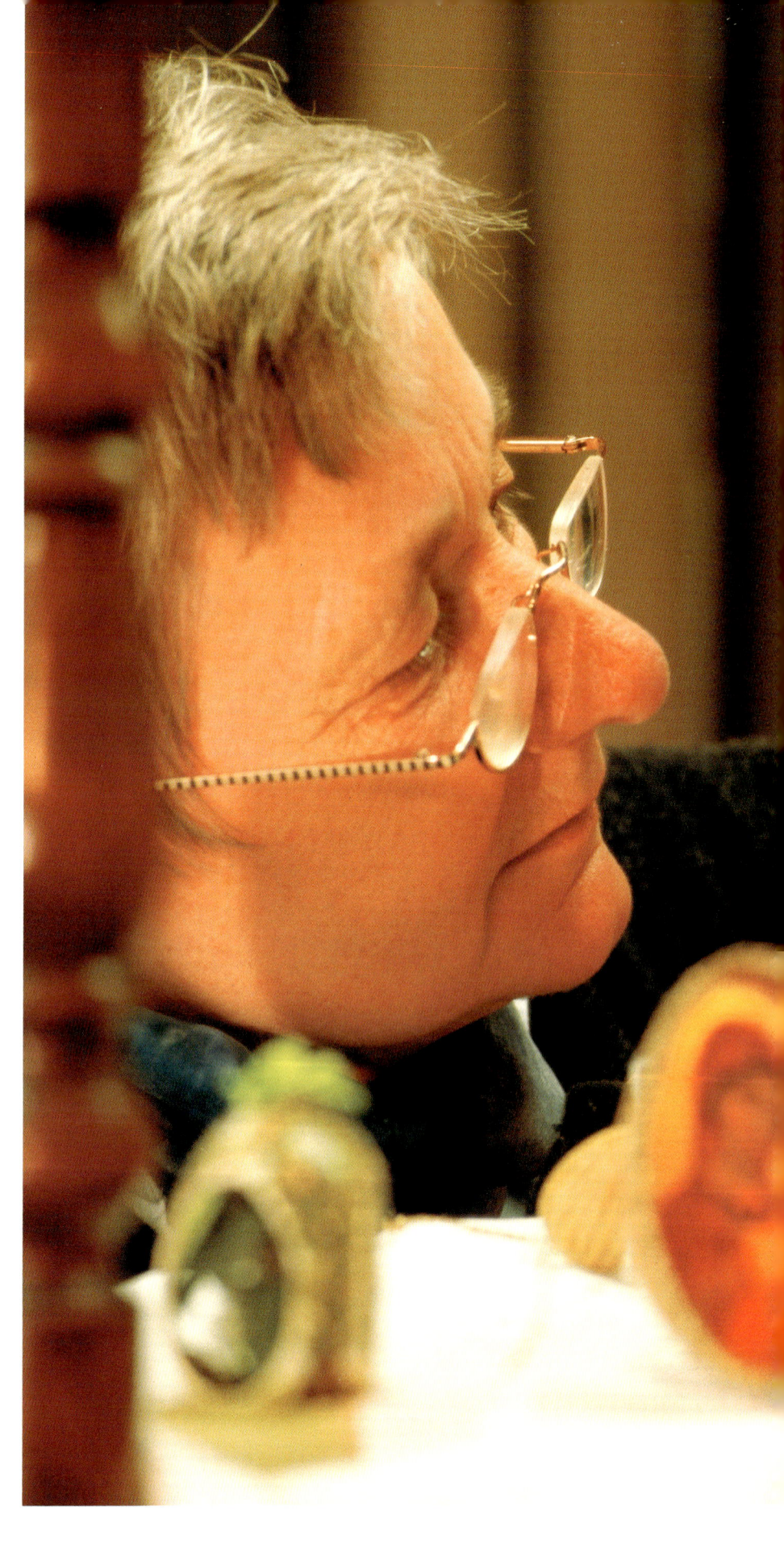

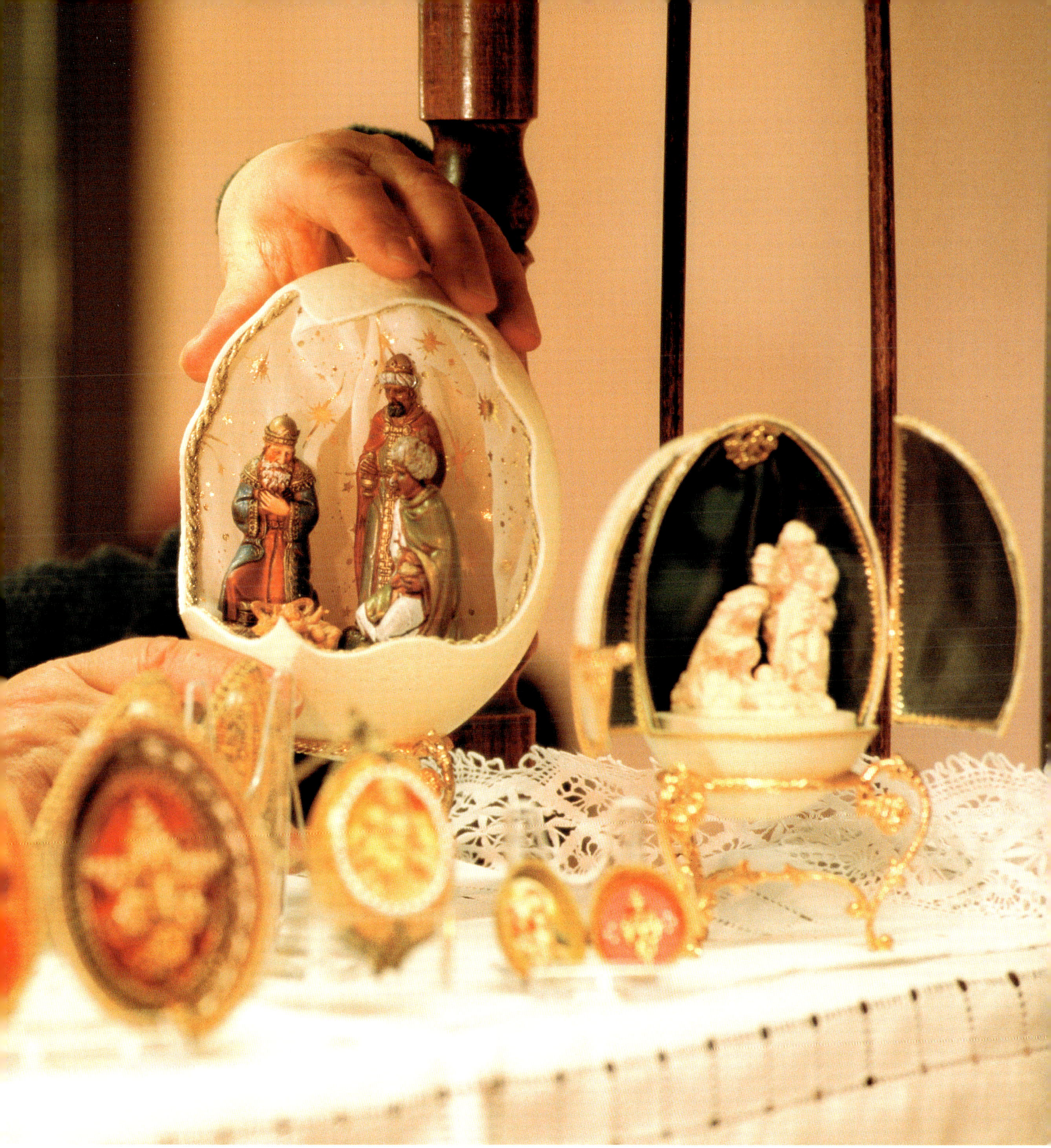

seinem Ensemble um. In den alten Mödlinger Luftschutzbunker, wo unter jährlich immer größerem Andrang sein spektakuläres Stationentheater über die diversen Bühnen geht. „Theater im Bunker" – man muss es einmal gesehen haben. Ach was, was heißt hier einmal ...
„Den Schwarzen Turm musst du natürlich gesehen haben", sagt Thomas im Gastgarten des Mautwirtshauses. „Und die Augengläser", sagt der andere Thomas. „Und das Pfefferbüchsl." – „Und die Aussicht auf den Aquädukt, oben von der Klausen." – „Das Amphitheater." – „Die Burg Mödling." – „Die Burg Liechtenstein." – „Den Husarentempel." – „Die Meiereiwiese." – „Die Turnerwiese." – „Die Krauste Linde." – „Im Bockerl sitzt man auch recht nett. Fast wie in einer Schihütte."
Was ausgedehnte Folgebesuche nahe legt. Denn es wird Abend in Mödling, die Wanderer haben sich zuhause bereits frisch gemacht und füllen die Gastgärten der Fußgängerzone. Und auch wenn der Kursalon zugesperrt hat, was vor allem Jazz-Fan Thomas Busch ein wenig

Mödlinger Stadtbad: Nach Herzenslust im Wasser spielen, rutschen und springen ... bis es dem Bademeister zu bunt wird

80

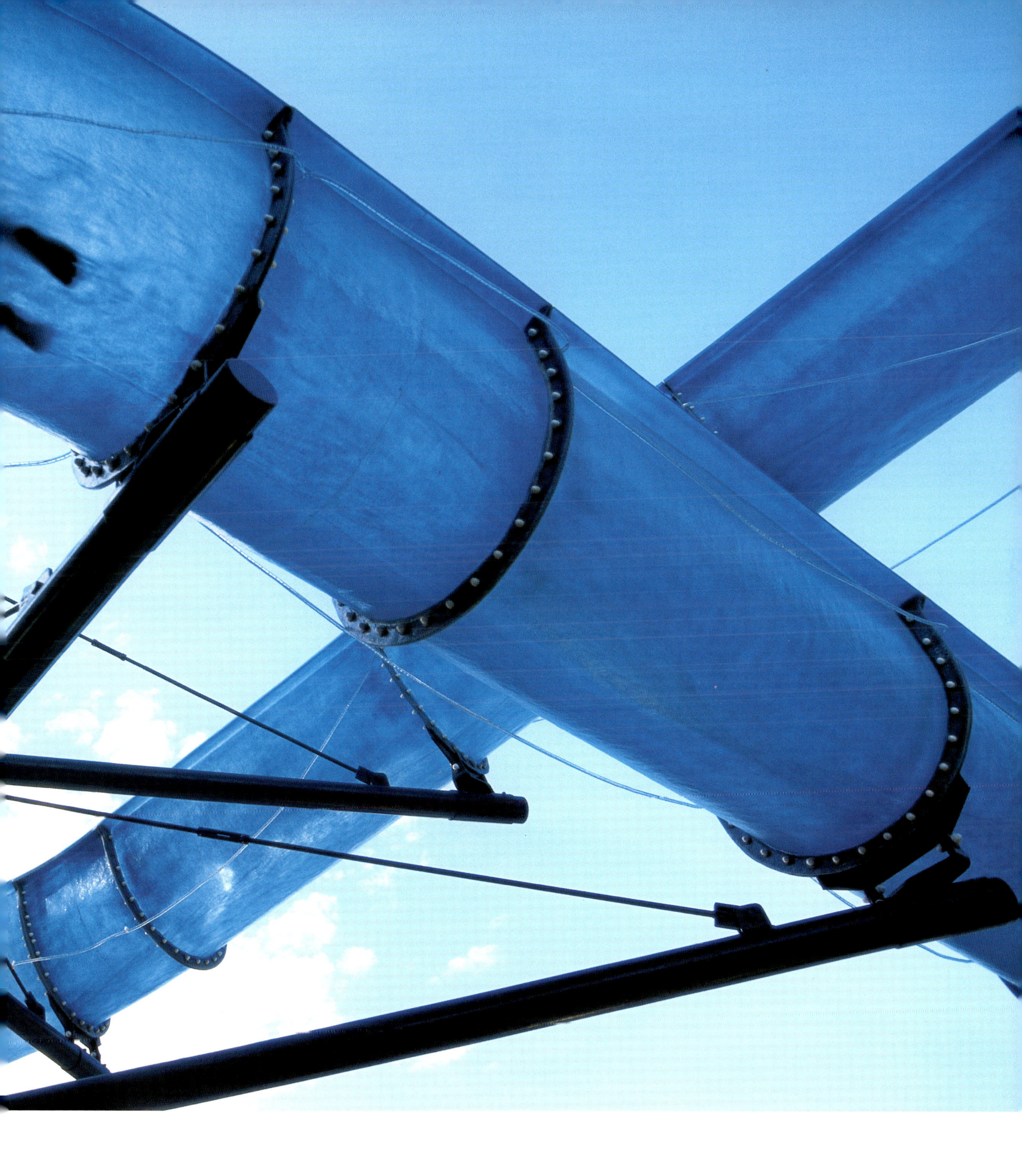

schmerzt, und die großen Zeiten eines „Zick Zack", in denen Thomas Muster nach einem verlorenen Viertelfinalspiel in Paris schnurstracks nach Mödling gedüst ist, um dort im Club in den Weinbergen Platten aufzulegen, während Falco dazu die Tanzfläche unsicher machte, kann man sich hier sehr gut unterhalten. Abends. Und auch nachts.

Natürlich ist nie mehr etwas so, wie's einmal war. Aber es ist gut. Im „Mautwirtshaus" spielt eine sehr lässige Ethno-Band, das „Chaplin" punktet mit klassischer Pub-Atmosphäre, in „Tom's Bar" sollte es später, wie jeden Samstag ziemlich heiß hergehen, genau wie im „Taco's" und im „Spiegel". Und im HDJ, wie wir Mödlinger das „Haus der Jugend" nennen, legt DJ Rainer Klang auf und der ist sowieso einer der besten. In Europa. Ja, und im „Ratz Bräu" ist überhaupt alles perfekt. Das ausgezeichnete Bier kommt von einer kleinen Privatbrauerei, vom Gastgarten erhascht man noch immer einen Blick auf die wunderschöne Spitalskirche und die Spareribs sind ein Gedicht. Und wenn's draußen zu frisch wird, was in Sommern wie diesem sogar in Mödling manchmal passiert, erwarten den frierenden Gast in den schon vor 400 Jahren als Bäckerei geführten Räumen eine überaus herzliche Atmosphäre – und mit Nicole, Billy und Andrea die nettesten und hübschesten Kellnerinnen der Welt. Dass alle drei aus der Gegend stammen und begeisterte Mödlingerinnen sind und auch Billy, obwohl sie in Wien studiert, nicht vorhat, jemals (wieder) in die Hauptstadt zu ziehen, brauche ich Ihnen an dieser Stelle wohl nicht zu sagen. Nur ihren Tipp, nach einem späten Besuch der „Barista" noch in den Posthof frühstücken zu gehen, kann ich auf seine tatsächliche Qualität leider nicht

Wohnstadt mit Lebensqualität: Schöne Häuserzeile aus den 20er Jahren des letzten Jahrhunderts in der Ludwig Höfler-Gasse

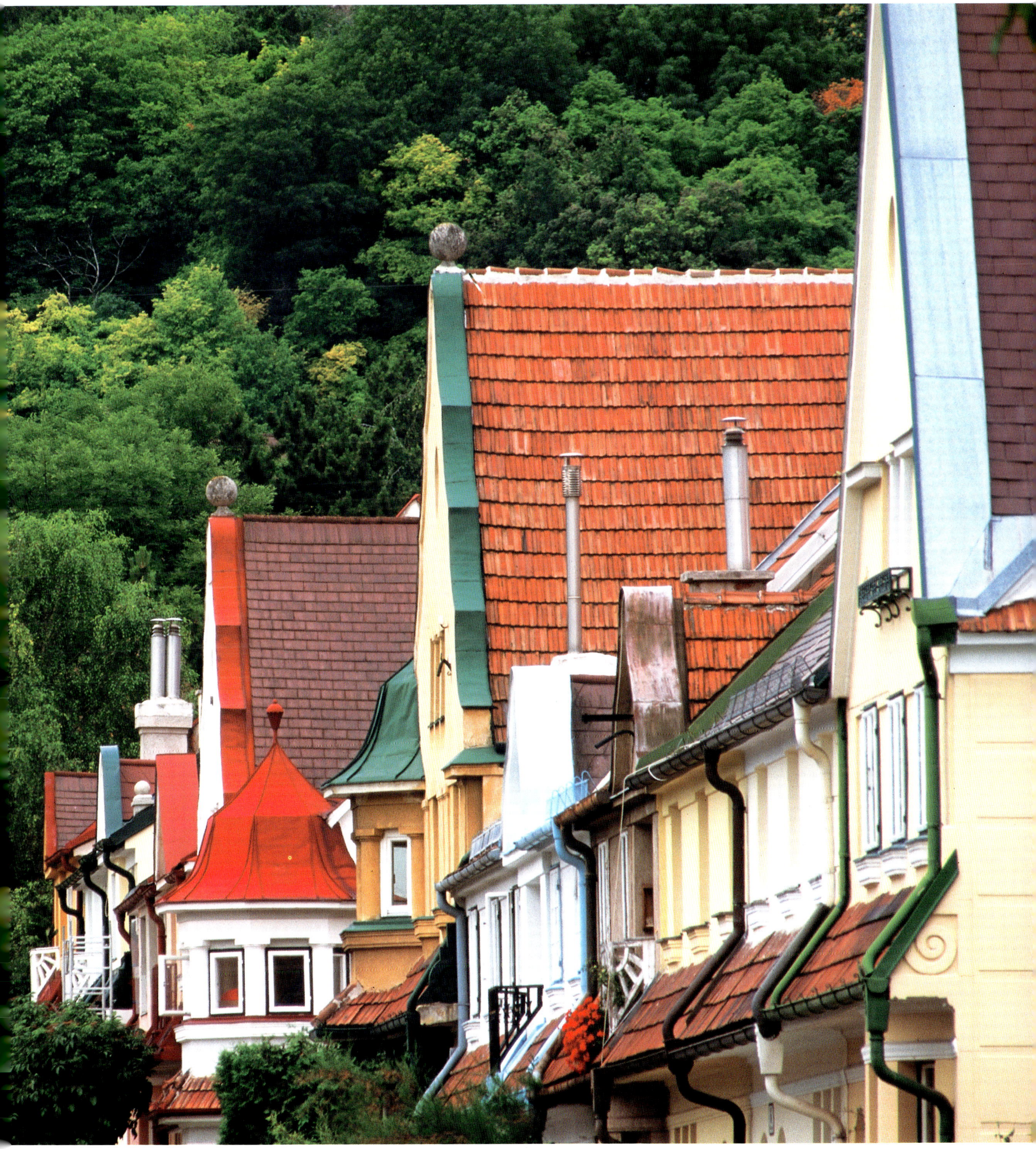

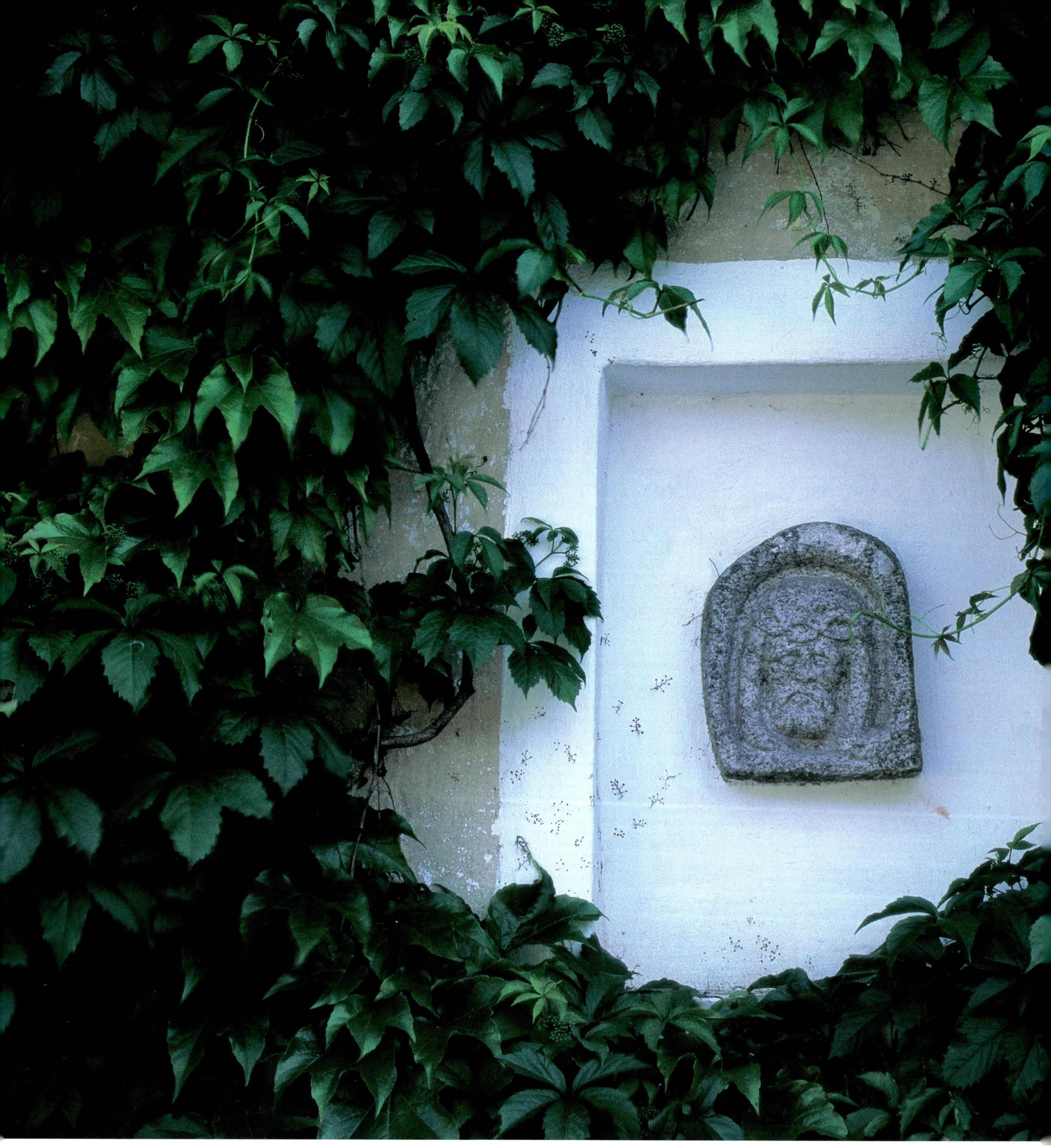

mehr beurteilen. Aber er klang vielversprechend. „Tschuldigens, ich such die Brillengläser." - „Immer der Nase nach, junger Mann." Eine Antwort, die einem Brillenträger auf der Suche nach einem der Wahrzeichen Mödlings etwas stutzig macht. Aber grundsätzlich und durchaus positiv vom ausgeprägten Sinn der Mödlinger für Humor spricht. „Geh, sei net so garstig, der Herr meint sicher die Augengläser, weißt doch, die Ruinen! Ja, hier sind Sie richtig. Noch ein Stück rauf, gleich in der Nähe vom Schwarzen Turm. Auf dem breiten Weg dürfen Sie aber nicht bleiben. Nach der zweiten Kurve rechts sind schon die ersten schmale Trampelpfade."

GRASHALME & GLÜCKSGEFÜHLE

Nach etwa einer Stunde auf vielen schmalen Trampelpfaden, hab ich weder Brillen- noch Augengläser gefunden. Dafür bin ich restlos glücklich. Eine Stunde durch den schönsten Wald der Welt, Kiefern, Eichen, knorrige Stämme, verschlungene Wurzeln, bizarre Kalkfelsen und immer wieder kleine und größere Sommerwiesen. Und mit den wie von Zauberhand ausgestreuten Blumen, den langen, dünnen Gräsern, die sich im Wind sanft biegen, kehren Erinnerungen zurück, die sonst, im Grau des Alltags, der großen Stadt, höchstens das Dasein eines kaum beachteten Mauerblümchens fristen. Ist man nicht über endlose Wiesen gelaufen, früher? Genau, barfuß zwischen Weidenröschen und Salbei, Lichtnelken und gelbem Hahnenfuß. Und Sauerampfer, natürlich! Ob der wohl noch genau so gut schmeckt? Doch, ganz sicher, vor allem, wenn man auf dem Rücken liegt und in die Sonne blinzelt, während Hummeln und Maikäfer geschäftig summen und eine glitzernde Libelle auf der Jagd an einem vorbeifliegt. Vielleicht hätte der linkische, schüchterne Knirps ja damals einfach den Arm um das Mädchen aus der anderen Klasse legen sollen, statt ihr unter albernem Gelächter die Pusteblume ins Gesicht zu blasen – Moooment!

Da haben wir uns jetzt aber ganz schön verstiegen. Eine Stunde ist um, die Brillengläser sind fern, dafür die Vergangenheit zum Greifen nahe – das muss der Wald sein, nicht umsonst hat sich ja der Raimund hier schon inspirieren lassen. Genau wie die Kaiserin Sisi, mit ihrem Griechischlehrer, drüben auf der anderen Seite, auf dem Anninger, und wenn ich jetzt nur noch wüsst', wo das ist, wär' ich auch schon weiter. Also zurück, vielleicht jetzt doch einmal auf dem breiten Weg und zur Abwechslung auf die hölzernen Wegweiser geschaut. Und – alles kein Problem, im Nu ist man draußen, aus dem magischen Kiefernwald. Aber der Zauber bleibt. Denn die Stadt liegt einem zu Füßen, der Aquädukt in der Abendsonne, links auf dem hohen Felsen vor dem „Schwarzen Turm" sitzt ein junges Pärchen und schmust, ihre Haare glänzen rötlich in der Sonne und da ist dieses Gefühl, man möchte von hier aus die ganze Welt umarmen, fest, beinahe erdrücken, weil man sonst platzen müsste vor lauter Glück. Und dann weiß man auch, dass es der richtige Zeitpunkt gewesen wäre, für den Arm, und ein paar Margeriten vielleicht. Ja, jetzt wüsste man Bescheid. So wie der ehemalige Knirps weiß, dass tatsächlich ganz fantastische Melodien auf einem simplen Grashalm gepfiffen werden können.

Aber das erkennt man wohl erst, wenn man's längst verlernt hat ... Wie's in dieser Gegend wohl aussehen würde, wenn der Bürgermeister Schöffel nur ein bissl geldgieriger gewesen oder gar Jagen gegangen wäre? Oder der Forstmeister vom Wassergspreng nicht zufällig ein merkwürdiges Gespräch aufgeschnappt hätte – aber nein, von Anfang an und der Reihe nach:

Nach dem verlorenen Krieg gegen Preußen, also 1866, war Österreich vor allem einmal eines, nämlich pleite. Nun hatte aber das Finanzministerium seit einigen Jahren die Verwaltung des Wienerwaldes über und so stellten sich die hohen Herren Beamten eines Tages eine scheinbar naheliegende Frage: Warum eigentlich nicht das viele Holz vor der Hütte zu Kohle machen? Man verkaufte also große Teile des Wiener Waldes an den rechtschaffenen Holzhändler Moritz Hirschl. Und der, egal wie rechtschaffen, sah den Wald weniger als Ort des romantischen Lustwandelns und der Erholung. Eher als quadratisch, praktische Anlage, deren Wert sich im Festmeterpreis ausdrückt. So weit so schlecht. Doch dann trat Josef Schöffel auf den Plan. Und wie! Muss ein schneidiger Bursch gewesen sein, Ex-Offizier, Geologe, Publizist, Bürgermeister von Mödling, Abgeordneter zum Reichsrat – und ein vorerst einsamer Streiter gegen den Kahlschlag des Wienerwaldes. Aber der Schöffel war es gewohnt zu kämpfen.

Und er war ausdauernd. So gelang es ihm, damals noch als Privatmann, die Bevölkerung Wiens durch eine mehrjährige Zeitungskampagne auf das drohende Unheil aufmerksam zu machen. Auch der Literat Ferdinand Kürnberger, durch seinen Roman „Der Amerikamüde" zu Weltruhm gekommen, wurde hellhörig. Er nahm Kontakt zu Schöffel auf, der in ihm recht schnell die Liebe zum Wienerwald und zu Mödling im speziellen weckte. Durch Kürnberger nahm Mödling dann auch Einzug in die Weltliteratur, denn in seinem Werk „Siegelringe" befassen sich gleich drei Essays mit der Wienerwaldaffäre. Die Freundschaft zwischen Schöffel und Kürnberger hielt für den Rest ihres Lebens – und darüber hinaus. Auf dem Mödlinger Friedhof sind die beiden praktisch nebeneinander begraben.

Und der Einsatz der beiden hatte sich gelohnt – die Wiener waren sauer. Immerhin war „ihr" Wald schon damals ein beliebtes Ausflugsziel. Das wiederum machte das Finanzministerium, Moritz und deren Vertragspartner einigermaßen nervös. Zurecht, denn wenn Wiener sauer werden, ist bekanntlich Schluss mit lustig. Also versuchte man zuerst einmal den Schöffel mit Klagen einzudecken, um ihn in den Augen der Bevölkerung unglaubwürdig oder zumindest mundtot zu machen. Doch das half nichts, man glaubte dem Mödlinger mehr, als seinen zwielichtigen Anklägern. Also folgte „Plan B", man bot ihm Geld, viel Geld, satte 50.000 Gulden. Doch der Schöffel *pfiff auf die Marie* – er wollte den Wald erhalten. Für alle Wiener, Klosterneuburger, Mödlinger und wer immer sonst noch so vorbeikam, „denn eine ähnliche Umgebung kann keine größere Stadt der Welt nachweisen", meinte er. Und hatte Recht. Die Jungs vom Ministerium waren allerdings anderer Meinung, sie wollten sich ihren lukrativen Handel nicht entgehen lassen. Und hatten noch einen dritten Plan in petto. Einen ausgesprochen bösartigen. Der Forstwart vom Wassergspreng bei Mödling hörte jedenfalls, wie sich zwei hohe Beamte über das „Problem Schöffel" unterhielten, und dass der renitente Kerl doch vielleicht einen

Stillleben: Stimmungsvolle Seitenblicke in eine friedliche Welt, jenseits von Alltagsstress und beruflicher Hektik

Jagdunfall haben könnte. Und dass dies „dem Schützen nicht den geringsten Nachteil, sondern unverhofftes Glück bringen würde." Der gute Forstwart allerdings lief direkt zu seinem Bürgermeister und warnte ihn – worauf dem die Lust auf Jagdausflüge augenblicklich verging. Und so hat Bürgermeister Schöffel zwar keinen kapitalen Zehnender mehr erlegt, dafür aber durch seine Beharrlichkeit und den Rückhalt, den er in der Bevölkerung hatte, schließlich doch den Ausverkauf des Wienerwaldes verhindern können. Ihm, und dem Forstwart vom Wassergespreng natürlich, haben wir es zu verdanken, dass wir uns an einem warmen Frühlingssonntag zu Tausenden „raus" fahren können und trotzdem mittendrin bleiben, im wunderbaren Wienerwald. Oder uns auf der Schwarzenberg-Allee ein bissl wie auf der Mariahilfer Straße fühlen können.

Oder uns tief im Süden, bei Mödling eben, schon ein wenig echte Mittelmeer-Urlaubsstimmung überkommt. Was natürlich auch am Klima liegt – und am Fürsten Liechtenstein natürlich. Aber das ist eine andere Geschichte.

Wenn Sie mich jetzt so fragen – nein, die Augengläser hab ich nicht gefunden. Was auch Thomas Busch nicht recht glauben konnte, aber insofern egal ist, als ich vorhabe, in den nächsten Jahren ohnehin noch sehr oft die Gegend zu durchstreifen.

Weil auch grad der Anninger doch wesentlich größer ist, als man im ersten Moment denkt. Und der „Schöffel Wanderweg 46" noch so viele hübsche Abzweigungen hat, die es zu entdecken gilt. Man kann sie alle verstehen, von Beethoven bis Schönberg, von Wildgans bis Sokol, die unbedingt in dieser Stadt wohnen wollten, in unmittelbarer Nähe zu den „Föhrenbergen". Sanft und schroff, licht und dunkel, mit so vielen der Großen, die diese Wege schon entlanggewandert sind. Und sagenhaften Männern, die hier gelebt haben. Auf der Burg Mödling, wo Heinrich der Ältere einen luxuriöseren Hofstaat hielt als seine Babenberger Verwandten in Wien. Stolz und aufbrausend hat sein Vater in Akkon König Richard Löwenherz getrotzt, als er sich nach Kaiser Barbarossas Tod als ranghöchster deutscher Fürst über den englischen König stellte. Man kann sie beinahe tafeln sehen, die mächtigsten Ritter ihrer Zeit. Jeden Abend ein Fest, prächtige Gewänder, Brokat, Gold und Samt. Wildbret und Wein, dass sich die Tische bogen und in der Festhalle tanzte das Licht der Fackeln zu den Klängen eines Neidhart von Reuental, eines Ulrich von Liechtenstein oder des größten von allen, Walther von der Vogelweide. Der sich hier zu Lebzeiten jenes Heinrich wesentlich wohler fühlte als in Wien und der Mödling in seinen Liedern mit dem Hof des Patriarchen von Meran und dem der luxuriösen Welfen in Bayern verglich. Soll man, nachdem man an einem solchen Ort, auf einem Stein, der solche Lieder schon gehört hat, noch schnell hinüberhetzen zum Husarentempel und zum Matterhörndl und zur „Krausten Linde"? Oder einen „Abstecher" machen, auf den Eichkogel, dieses einzigartige Naturschutzgebiet vor den Toren der Stadt? Wie beneidenswert sind doch die, die sagen können: „Ach, bleiben wir einfach noch. Schau'n wir halt morgen hin."

EHRWÜRDIGE VEREINE & GROSSE TRIUMPHE

Apropos: Das „Anninger Schutzhaus", weil wir grad dabei sind, lohnt übrigens auch jederzeit einen Ausflug. Seit seiner Eröffnung vor 101 Jahren ist es im Besitz des Vereins „Naturfreunde in Mödling vom Jahre 1877". Beides ein höchst ehrwürdiges Alter, aber Haus und Verein präsentieren sich nach einer höchst wechselhaften Geschichte kein bisschen verstaubt – sondern frisch wie der Frühling. Die „Naturfreunde" sind mit ihren stattlichen 126 Jahren auch gar nicht der älteste Verein Mödlings. Diese Ehre darf für sich der „Mödlinger Männergesangsverein von 1848", in Anspruch nehmen, der berühmte MMGV. Den ab 1921 sogar der auch nicht unberühmte Anton von Webern leitete, der

Letzte Ruhestätte: An den Hängen des Eichkogels liegt der Mödlinger Friedhof. Schöffelkapelle mit Friedhof (folgende Seite)

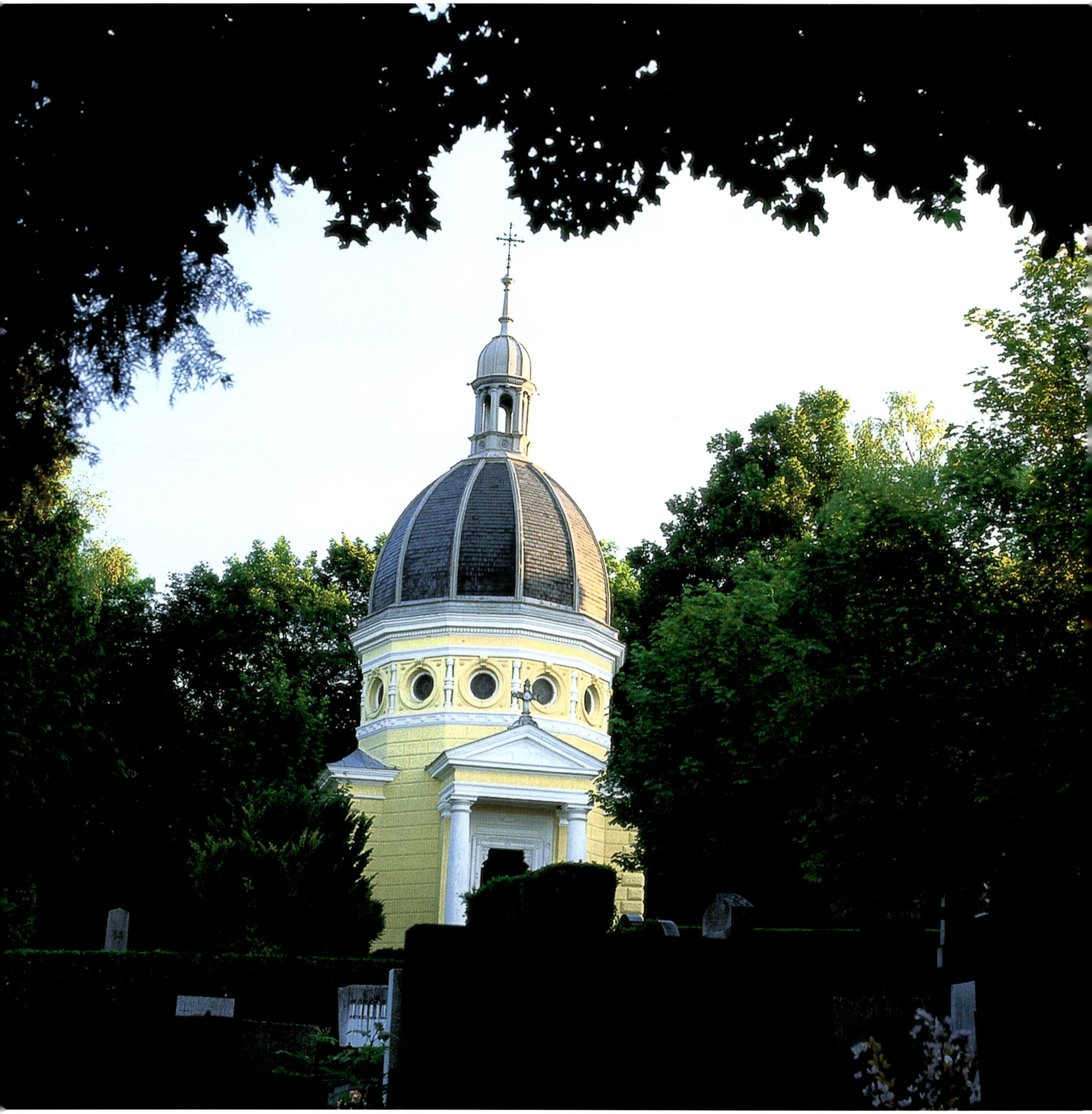

ja als Schüler Schönbergs beschlossen hatte, sich in der Nähe seines Lehrers niederzulassen. Mittlerweile ist diesem MMGV ein M abhanden gekommen, und man darf sich ehrlich darüber freuen, dass es nicht das erste war, also jenes, das für Mödling steht. Denn sie sind immer noch hier zuhaus', allerdings dürfen mittlerweile auch Frauen mitsingen, was ja doppelt schön ist. Und „Mödlinger Gesangsverein von 1848" klingt ja auch nicht schlecht.

Und noch einmal: weil wir grad dabei sind, weiß eigentlich irgendwer, was VfB bedeutet? Genau, „Verein für Bewegungsspiele". Unter diesem nicht unlustigen Namen feierten die Mödlinger Fußballer im Verlauf ihrer mittlerweile 93-jährigen Vereinsgeschichte so manchen schönen Erfolg. Bis zum Meister hat es bisher zwar noch nicht gereicht, wenn man den „B-Liga-Meister"-Titel von 1952 nicht mitrechnet, und legendär ist auch der Sieg gegen die Schwechater „Germania" aus dem Jahr 1920.

Entschuldigung für diesen kleinen Einschub, aber er drängt sich gerade fürchterlich auf: Wussten Sie, dass eine der bekanntesten österreichischen Kaberett-Gruppen aus dem „Verein für Bewegungsspiele" entstand? Nein, es sind natürlich nicht die „Hektiker", was auch schön gepasst hätte, aber die Herren Mini Bydlinksi, Fifi Pissecker, Florian Scheuba, Werner Sobotka und Wolfgang Brunner kamen von einer anderen „Spielwiese", nämlich dem Gymnasium Keimgasse. 1982 traten sie zum ersten Mal bei der dortigen „Schülerakademie" auf, die den Gymnasiasten die Gelegenheit bot, ihr Talent zu beweisen. Der Rest ist Geschichte. Aber etwa zur selben Zeit kickte Alfred Aigelsreiter, ebenfalls begeisterter Mödlinger – und begeisterter Fußballer – beim VfB, „erfolglos, aber ambitioniert", wie er es selber unnachahmlich beschreibt. Für einen „Bunten Vereinsabend" studierten er und drei Mannschaftskollegen ebenfalls einige Sketche ein. Auch hier wurde Geschichte daraus und die „Brennesseln", wie sich die Jungs nannten, das vielleicht beliebteste Satirekleeblatt Österreichs.

Und auch der VfB stieg zu unerwarteten Höhenflügen auf, was nicht zwingend mit der Verlagerung des Interessensschwerpunktes von Alfred Aigelsreiter zu tun haben muss. Vor allem das Jahr 1994 kann sich durchaus sehen lassen: Man schloss die Max- oder Moritz- oder wie die österreichische Spitzenliga damals eben gerade geheißen hat, als fünfter ab – punktegleich mit den großen grünweißen Nachbarn und Rekordmeistern aus Wien. Auf der Trainerbank saß Hans Krankl. Heute stehen viele Mödlinger „ihrem"

Der spätromanische Karner ist Mödlings ältestes erhaltenes Bauwerk. Acht Meter reicht das Untergeschoss in die Tiefe. Türgriff in der St. Othmar Kirche (rechts unten)

traditionsreichen Verein ein wenig zwiespältig gegenüber und nicht nur Thomas Busch und Thomas Bergholz beklagen sich über Identifikationsschwierigkeiten mit einer Mannschaft, die den etwas sperrigen Namen „VfB Admira Wacker Mödling" trägt, deshalb meistens einfach „Admira" genannt wird und ihre Heimspiele in der Südstadt austrägt. Wovon nicht einmal Lilly Hubatsch profitiert, weil sie sich wie scheinbar die meisten Südstädter nicht sonderlich für Fußball interessiert.

Nicht zu vergessen die erfolgreichen Mödlings Fechter. Diesmal war es Michael Ludwigs Florett dem kaum ein Gegner widerstehen konnte. Aber wie gesagt, was diese faszinierende Sportart anbelangt, ist man in Mödling fast ein bisschen verwöhnt, Europameisterschaftsmedaillen sind keine Seltenheit, auch Benny und Joachim Wendt, Elisabeth Knechtl, Marco Falchetto sind klingende Namen in der Welt der modernen Musketiere. Und man denke nur an den großen Wolfgang Held in den 50er- und 60er-Jahren.

Dass Mödling auch im Schwimmen auf eine lange erfolgreiche Geschichte, wenn auch mit einer gewissen Durststrecke im Mittelteil, zurückblicken kann, wenn man über den kometenhaften Aufstieg von Martina Nemec in den 90er-Jahren des letzten Jahrhunderts spricht. Rechtsanwalt Otto Scheff wohnte zwar in Maria Enzersdorf, hatte aber seine Kanzlei in Mödling, gewann 1896 die Bronzemedaille bei den Olympischen Spielen in Athen. Im Schwimmen. Auch von Boxweltmeister Karl Stritesky vom „Ersten Mödlinger Athletikklub" spricht man heutzutage viel zu selten, obwohl sein großer Erfolg erst

Jahrzehnter langer Kampf ums reine Wasser: 1904 die erste Pionierleistung auf dem Gebiet des Umweltschutzes, im selben Jahr eine 17,5 km lange Eisendruckrohrleitung mit frischen Wasservorräten und im November 2001 wurde die Transportleitung vom Pumpwerk Meiereiwiese zum Hochbehälter in Betrieb genommen.

84 Jahre her ist. Und dass Mödling auch in hochalpinen Sportarten einmal eine Macht war, soll nicht unerwähnt bleiben. Die knapp zwei Kilometer lange Bahn vom Anninger, mit ihrer spektakulären hölzernen S-Kurve war eine echte Mutprobe, und Sparkassendirektor Adolf Rziha verfasste nicht nur ein international anerkanntes Buch über diese schöne und waghalsige Beschäftigung, sondern wurde 1910 auch österreichischer Meister.

WINTERZAUBER IN DER STADT

Aber die Winter sind ja auch nicht mehr das, was sie einmal waren. Oder, um es mit Gudrun Fölsche, Nachfolgerin der legendären Melanie Wissor als Direktorin des Mödlinger Volkskundemuseums, auszudrücken: „Sie sind ziemlich letschert geworden." Stimmt. Daran krankt leider auch der einst berühmte Mödlinger Rodelsport – jetzt ist die einst gefürchtete Bahn meistens ziemlich aper.

Was im wunderbaren Stadtbad nicht passiert – dort gibt's nämlich die älteste Kunsteislaufbahn Niederösterreichs, dort ist also immer Winter, wenn es Winter sein soll. Und so ein Eislaufplatzbesuch lohnt sich, auch wenn die Kufentechnik etwas eingerostet ist. Weil, irgendwann hat es doch jeder einmal versucht. Die knisternde Musik aus den Lautsprechern, verliebte Paare, die wie schwebend ihre Runden drehen, halbstarke 13-Jährige, die einem aus dem eh kaum vorhandenen Gleichgewicht bringen und sich verabscheuungswürdig elegant bewegen, fließend, leicht, während man selber versucht, die rettende Bande zu erreichen. Und das Erstaunliche daran: Es macht Spaß. Wenn es aber in einer nicht-alpinen österreichischen Stadt noch echten Winterzauber gibt, dann in und um Mödling. Und wenn's früh finster wird, die Föhren auf den Bergen so gerade richtig angezuckert sind, unten in der Stadt die Lichter brennen und die Fußgängerzone geschmückt ist, fragt man sich unwillkürlich, warum man eigentlich je aufgehört hat, ans Christkind zu glauben. Die Nacht ist dann wie aus schwarzem Glas, und der darin eingeschlossene Glühweindampf vermischt sich nur zögerlich mit dem Atem dick eingepackter Menschen. Rote Nasen, kalte Ohren, klamme Finger, fest ans wärmende Häferl gepresst. Ein mit tausend Lichtern geschmückter Baum strahlt wie das Leben selbst. Zeitlupe um ihn herum. Gedämpfte Fröhlichkeit, fast abwartend. Sogar ein paar Hunde, die ihre Herrlis zum Äußerln geführt haben, wirken nachdenklich. Dazu kuschelige Teddybären mit roten Winterschals, Kunst und Kunsthandwerk, glitzernder Christbaumschmuck, Lebkuchen und Beerenpunsch, Lametta, leuchtende Augen und Sterne, Adventsänger und Herbergssucher. Mehr Advent geht eigentlich nicht.

Oder doch, nämlich bei einem Besuch des Volkskundemuseums. Also gut, ob mehr oder vielleicht doch gleich viel, nur eben anders – das hängt wahrscheinlich von den individuellen Vorlieben jedes einzelnen ab. Aber gerade im Winter ist das alte Haus in der Klostergasse ein heißer Tipp. Und einfach unwiderstehlich. Ganz egal durch welche Räume man geht, irgendwie kommt in jedem Weihnachtsstimmung auf. Die niedrigen Türen, bei denen man sich ordentlich ducken muss, der Universalofen, zum Heizen und Kochen, den man noch von der Oma kennt, wo man früher, als Kind mit der ganzen Familie den Heiligen Abend verbracht hat. Aber auch die Schmiede aus der Zeit der vorletzten Jahrhundertwende. Die alten Werkzeuge, Maschinen, die funktionstüchtige Esse, man kann sich vorstellen, wie sie funkensprühend den dunklen Raum in ein warmes Licht getaucht hat. Die in mühsamer Handarbeit angefertigte orthopädische Hufeisen, einige davon sogar aus dem Mittelalter – alles weckt merkwürdig vertraute, heimelige Gefühle. Genau wie die wunderbar restaurierten Bürgerzimmer im ersten Stock, und natürlich „Klassenzimmer" mit der altmodischen Tafel und den Schulbänken, bei denen auch die Vertiefung fürs Tintenfass nicht fehlt. Ja, und unten, in einem extra Raum mit originalen Fresken des Mödlinger Karners, weihnachtlich beleuchtet, steht die berühmte Egerländer Krippe und ihre fein gearbeiteten Figuren spielen stumm und mit erstaunlicher Andacht Szenen aus dem Leben Jesu. Vor genau zehn Jahren hat sie hier ihre neue Heimat gefunden – davor war dieses mehr als 100-jährige mechanische Wunderwerk auf weiten Reisen. Und ein wahres Wunder ist es, dass es sie heute noch gibt. Gebaut wurde sie in Nordwestböhmen, im Egerland, gegen Ende des 19. Jahrhunderts. Ob von dem unglücklichen Eisenbahner, der sie vor gut 100 Jahren ins Salzburgische nach Bischofshofen mitgenommen hat, ist leider nicht bekannt. Sie muss ihm jedenfalls viel bedeutet haben, vielleicht hat sie ihm ja die Trennung von der alten Heimat erleichtert. Nach seinem Tod gelangte sie ins Missionsgymnasium des Göttlichen Wortes St. Ruprecht, von wo sie Pater Brodmüller 1926 nach Mödling überstellen ließ, wo sie in der Herz-Jesu-Pfarre aufgestellt wurde. Pater Alexander Kienast holte sie von dort schließlich in die inzwischen abgerissene Marienkirche der „Kolonie". Hier war sie viele Jahre lang Zentrum der von bitterer Armut geprägten Weihnachtsfeiern. Pater Kienast sorgte in dieser Zeit auch für eine Ausspeisung, eine Mutterberatung, eine Kinder- und Säuglingsstation – und über allem wachte die Egerländer Krippe. Die, durch die vielen Reisen einigermaßen ramponiert, vom technisch begabte Geistlichen so gut es eben ging ausgebessert und gewartet wurde. Nach dem

Ältester Verein der Stadt: Der Mödlinger Gesang Verein in der St. Othmar Kirche. 1921 wurde der ursprüngliche „Mödlinger Männergesangsverein von 1848" von Anton von Webern geleitet

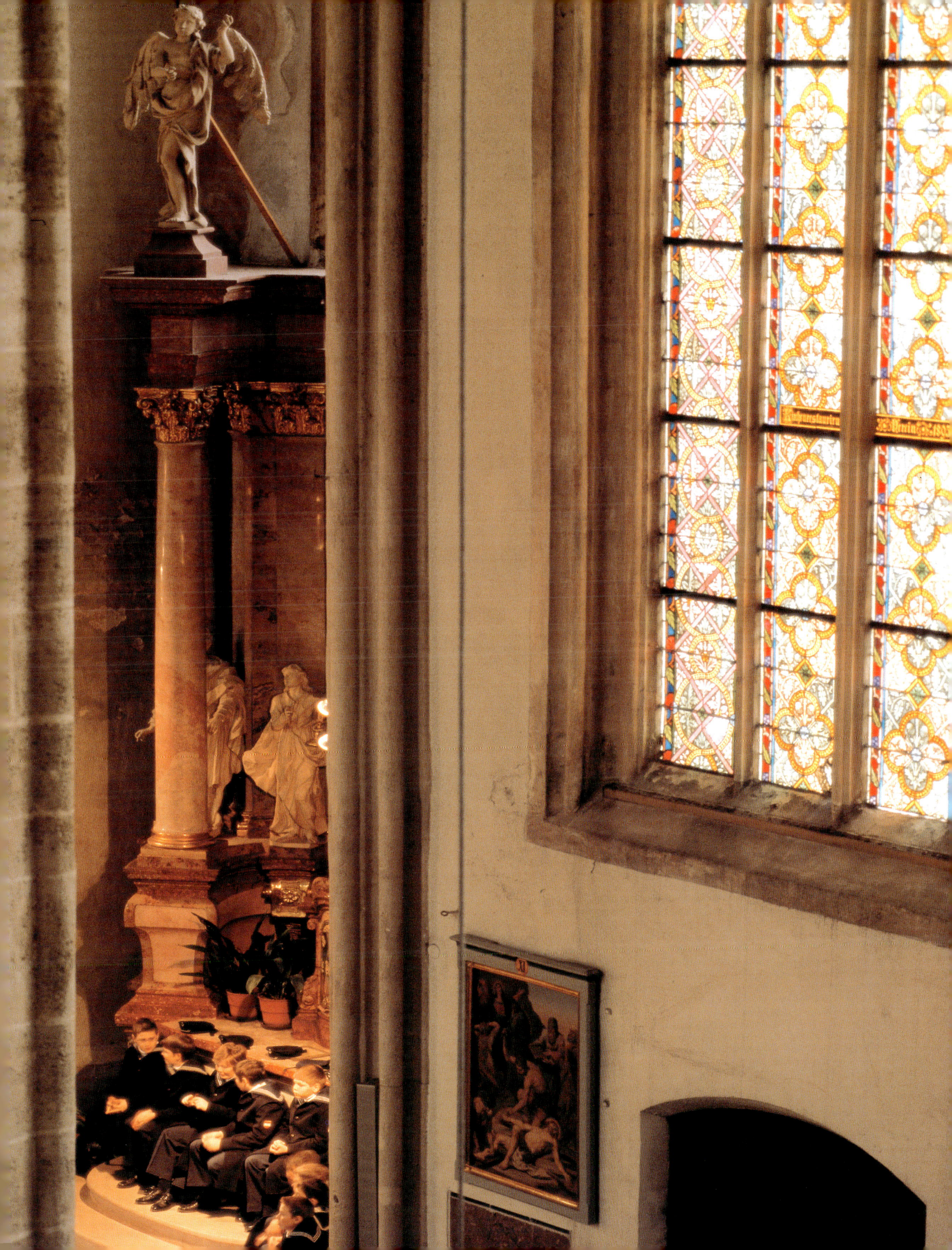

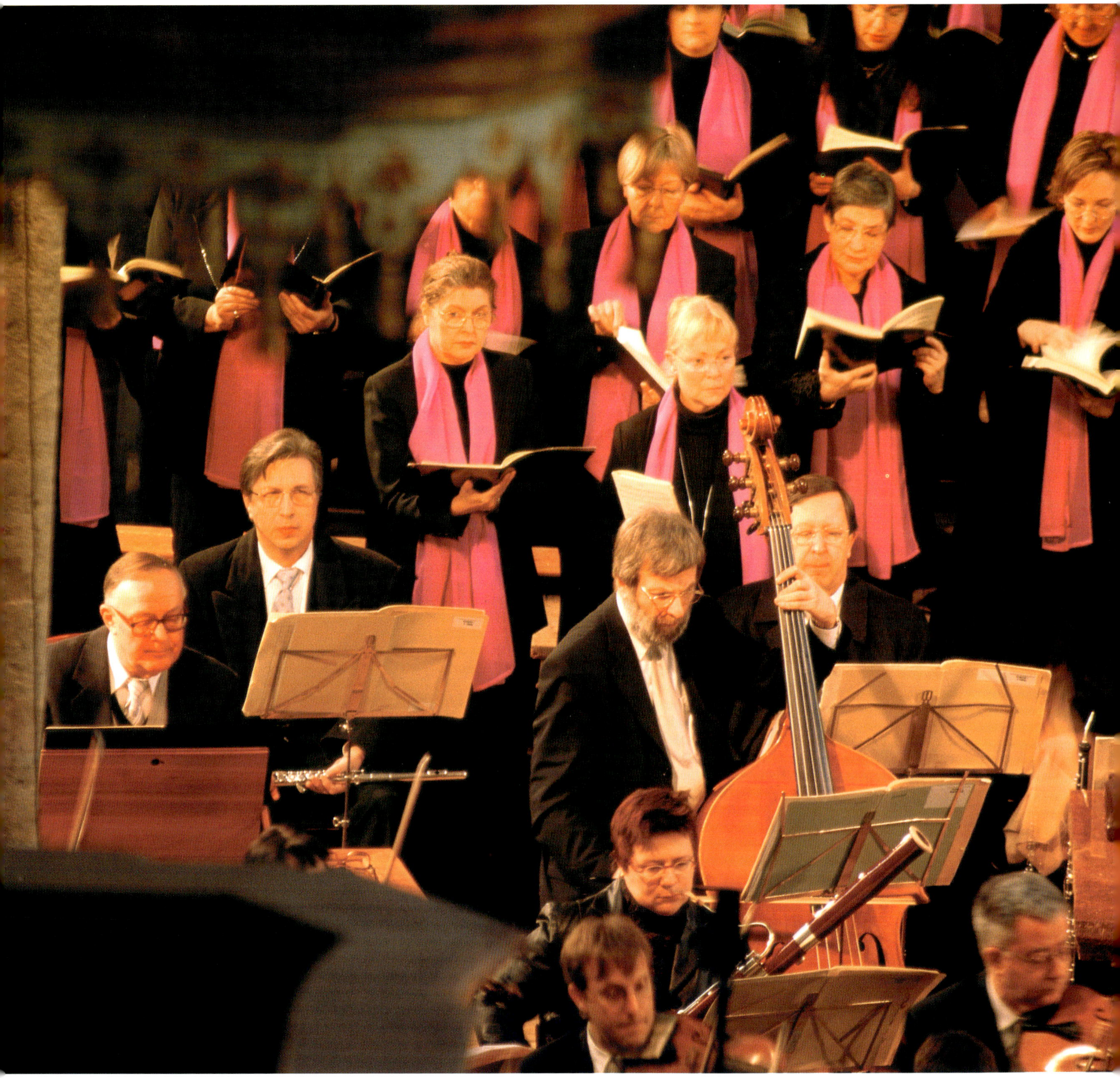

Abbruch der Marienkirche wurde sie schließlich konsequent restauriert und landete 1979 im Mödlinger Sakralmuseum in der Pfarrgasse 3. Heute, in dem wunderbaren Raum des Volkskundemuseums, könnte man meinen, die Krippe habe immer hier gestanden.

SCHÖNBERGS SPOREN & SPUREN

Eines vorweg: Die Welt ist einem Irrtum aufgesessen. Und nur wenige Musikliebhaber sind sich dessen bewusst. Die Wiener Schule, eine der radikalsten Revolutionen der Musikgeschichte, müsste eigentlich Mödlinger Schule heißen. Denn hier und nirgendwo sonst hat Arnold Schönberg seine Zwölftonmusik erfunden. Und dabei handelt es sich nicht um einen Zufall, also dass Herr Schönberg etwa gerade auf der Durchreise war und aus irgendeinem Grund gezwungen war, hier zu übernachten, wo ihm dann in einer schlaflosen Nacht die Eingebung zur „Methode der Komposition mit zwölf nur aufeinander bezogenen Tönen" überkam. Nein, weit gefehlt – in Mödling verdiente er sich seine ersten Sporen, und wohl auch ein paar Kronen, als Musiker, hier komponierte und dirigierte er. Hier wohnte und unterrichtete er schließlich, was den Begriff „Mödlinger Schule" im Besonderen rechtfertigen würde. Wie es dazu kam? Nachdem er 1896 seinen Posten als Bankangestellter in Wien aufgegeben hatte, suchte der junge Musiker Schönberg einen Job. Den fand er schließlich auch relativ schnell – als Leiter des Mödlinger Arbeitergesangsvereines „Freisinn". Da sich das Honorar kaum sehen lassen konnte, legte der arme Mann die Hälfte der Strecke Wien-Mödling immer zu Fuß zurück, da ihm sonst gar nichts davon übrig geblieben wäre. Oder er ging gar nicht erst nach Hause, was sich so nebenbei durchaus fruchtbar auf sein Schaffen auswirkte, wie sein Biograph Egon Wellesz berichtet: „Nach einer durchzechten Frühlingsnacht hatte er einen Ausflug auf den nahe dieses Ortes gelegenen Berg, den Anninger, gemacht. Die Wanderung durch den im Nebel liegenden Wald und der Sonnenaufgang gaben ihm die Inspiration zum Melodram ‚Des Sommerwindes wilde Jagd' und dem Schlusschor ‚Seht die Sonne!'", also einem bedeutenden Teil seiner weltberühmten „Gurre-Lieder". Und außerdem: Wer hätte sich den strengen Musik-Theoretiker und Philosophen Arnold Schönberg als fröhlichen Zecher und Dirigenten auf Tanz-Kränzchen im „Hotel Eisenbahn" und in der „Bieglerhütte" vorgestellt? Vielleicht liegt es ja auch daran, dass Mödling aus jedem die Sonnenseiten herauskitzelt. Herr Schönberg versuchte jedenfalls, in der Stadt eine Wohnung zu finden, musste allerdings 20 Jahre warten, bis es endlich so weit war. Erst im Jahr 1918 gelang es seiner „Tante Olga", der Baronin Pascotini, die selber in der Schillerstraße 22 wohnte, ihm eine Immobilie, die er sich leisten konnte, zu vermitteln. 200 Kronen monatlichen Mietzins zahlte Schönberg für sieben Zimmer in der Bernhardgasse 6. Und freute sich gewaltig: „Wir sind endlich in Mödling", schrieb er seinem Schwager Alexander Zemlinsky, nicht ohne etwas bedauernd hinzuzufügen: „Aber ohne Mädel." Was den durchaus witzigen Komponisten dazu bewog, Mödling fürs erste „Ohn-Mädling" zu nennen.

In der Bernhardgasse 6 ging es schließlich so richtig los, mit der musikalischen Revolution. Schönberg unterrichtete mehr als 100 Schüler in seiner Wohnung, darunter die Jungen Wilden wie Alban Berg, Max Deutsch, Hanns Eisler und Anton von Webern, der kurz nach seinem Lehrmeister in Mödling permanent Quartier bezog. Er gründete den „Verein für musikalische Privataufführungen", der schon allein wegen der „Geheimhaltung des Programms zur Sicherung eines gleichmäßigen Besuchs" und dem „Verbot von Beifalls- oder Missfallensbekundungen" bei seinen Konzerten auffiel. Eine bunte Truppe bevölkerte Mödling jedenfalls zu dieser Zeit, und sorgte für Uraufführungen, die jeder musikalischen Metropole, von New York bis Moskau zur Ehre gereicht hätten. 1923 war es dann wirklich so weit – im Walzer aus den „Fünf Stücken für Klavier, op. 23", der „Serenade op. 24" und der „Klaviersuite op. 25" entwickelte Schönberg seine 12-Ton-Methode. Ein neues Kapitel in der Musikgeschichte begann. Dabei stieß er auf überraschend offene Ohren, wie eine Rezension eines seiner Konzerte. Die „Gurrelieder" und seine Fassung der „Verklärten Nacht" standen auf dem Programm, in den Mödlinger Nachrichten vom 26. Jänner 1924 stand: „Arnold Schönberg, die Seele des Abends und der Menschen, die ihm musikergeben in sein Gottesgnadentum folgten, hat bewiesen, dass er Dehmels tiefster Dichtung bis ins Herz zu folgen verstand." Und, ein halbes Jahr darauf, anlässlich seines 50. Geburtstages: „Möge auch Mödling wissen, wen es bereits durch Jahre beherbergt!"

Und auch wenn Schönberg aufgrund seiner vielen Schüler die Wohnung in der Bernhardgasse rasch zu klein wurde – er blieb „seiner" Stadt treu, bis er Ende 1925 als Leiter einer Meisterklasse an die Preußische Akademie der Künste nach Berlin berufen wurde.

CÔTE D'AZUR VON NIEDERÖSTERREICH

Wenn's um die große, österreichweit aufsehenerregende 1000-Jahr-Feier der Stadt Mödling geht, die der Mödlinger Bürgermeister Jakob Thoma im Jahr 1904 durchführen ließ, wird es dem aufmerksamen Leser nicht entgangen sein, dass der Zeitraum zwischen diesem Fest und dem im vergangenen Jahr zelebrierten 1100-Jahr-Jubiläum – nur 99 Jahre zählt. Da kann doch irgendetwas nicht stimmen, möchte man meinen. Wie dem noch aufmerksameren Leser vielleicht in Erinnerung ist, fand das Tauschgeschäft zwischen den ehrwürdigen Bischöfen Madalwin und Burchard, also der Handel, der den Namen Mödling offiziell machte, im Jahr 903 nach Christus statt. Und in dieser Zahlenreihe, 903, 1904, 2003, scheint es in der Tat einen kleinen Ausreißer zu geben. Genau, Antwort „B", beim Fest von Jakob Thoma stimmt etwas nicht. Das bombastisch zelebrierte, zurecht schon legendäre Millennium beruht auf einem, klitzekleinen, Irrtum. Einem wissenschaftlichen, wohlgemerkt, denn ausnahmsweise war es kein mittelalterlicher Schreiber, der sich da um ein Jahr vertan hat. In einer 1827 veröffentlichten geschichtlichen Arbeit wurde nämlich fälschlicherweise das Jahr 904 für das oben erwähnte Tauschgeschäft zwischen den beiden Kirchenfürsten genannt. Diese Tatsache ist auch dem Mödlinger Lokalhistoriker Viktor Jovanovic nicht entgangen, doch als er Bürgermeister Jakob Thoma, der fest entschlossen war, die ersten 1000 Jahre „seiner" Stadt mit Pauken und Trompeten und dem alten Kaiser als Ehrengast zu begehen, davon informieren konnte, war es leider schon zu spät. Man schrieb bereits das Jahr 1904. Jakob Thoma war jedoch ein Mann der Tat und ließ sich durch diesen Einwand nicht beirren – und so bescherte uns eben dieses

Jahr 1904 die denkwürdige 1000-Jahr-Feier einer der ältesten Gemeinden dieses Landes, ohne dass wir heuer eine +100-Party draufsetzen könnten. Dazu nur so viel: Eigentlich schade, denn es sind schon Feste an wesentlich längeren Haaren herbeigezogen worden. Andererseits gab es ja in diesem Jahr genügend Gründe zum Feiern. Denn 2004 war ein großes, ein sehr großes Jubiläumsjahr für Mödling. Und das wurde ausgiebig gefeiert, mit italienischen und griechischen Sommerfesten im Stadtbad –

Im „Mödlinger Stadttheater" bringt Theaterdirektor Bruno Max mit viel Gespür große Schauspielkunst auf die Bühne.
Im Vergleich mit Wiener Bühnen etablierte sich das Mödlinger Stadttheater als perfekte Mischung zwischen „Schauspielhaus" und „Josefstadt" (folgende Doppelseite)

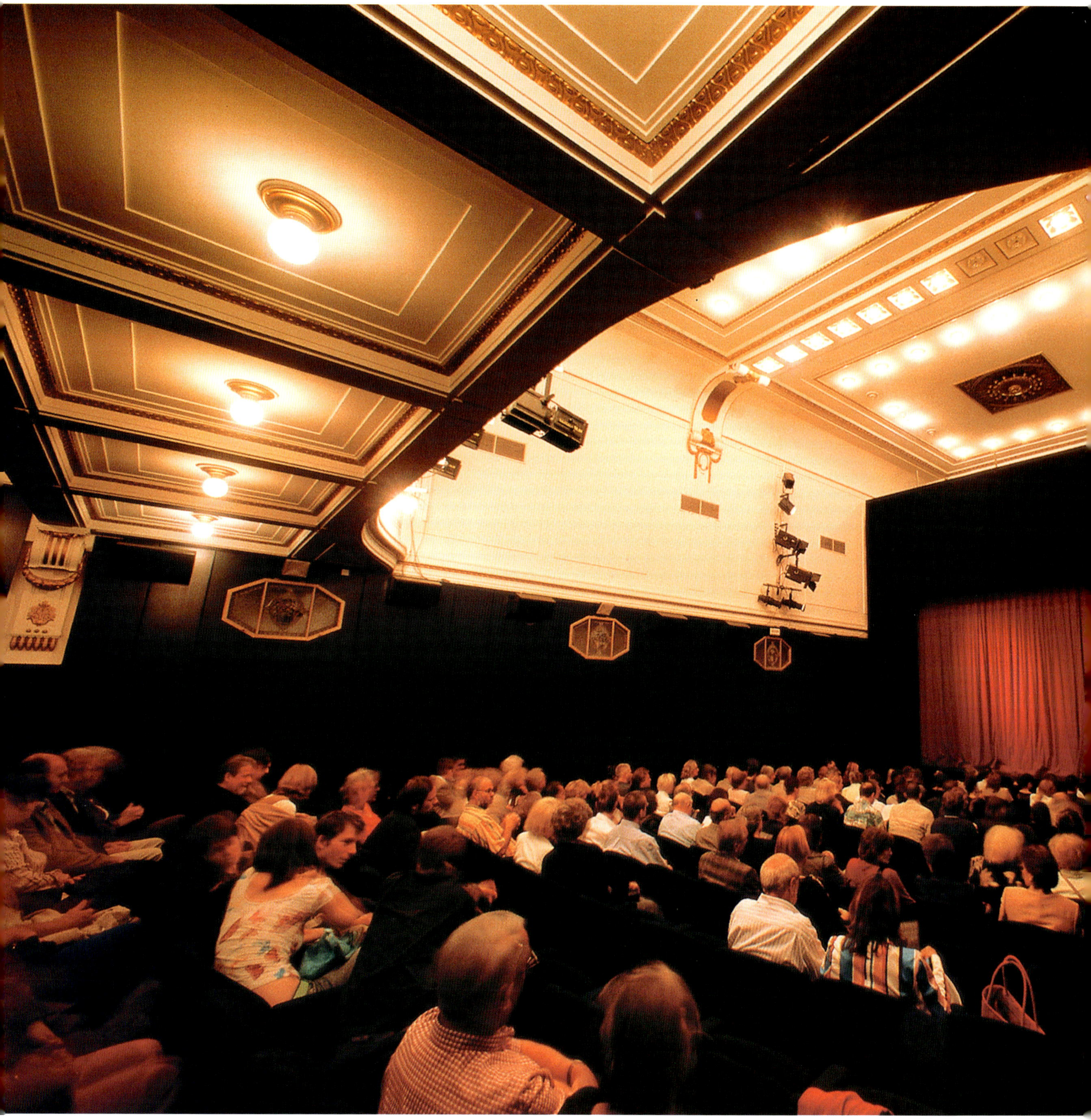

inklusive Nachtschwimmen –, „Wasser: Marsch"-Konzerten der Blasmusikkapelle Mödling, einem denkwürdigen Bachfest beim Stadion mit dem „1. Mödlinger Entenrennen" als Höhepunkt, zahlreichen Wünschelruten-Workshops, beinahe täglichen Sondervorstellungen der Mödlinger Puppenkiste in ihrer bezaubernden Heimstätte in der Pfarrgasse, lustigen Kutschenfahrten mit Hunden, organisiert vom Gebrauchshunde Sportverein Mödling, Schultheater-Aufführungen, Symposien, Partys und Ausstellungen.

Es ist aber auch erstaunlich, was sich vor genau 100 Jahren in Mödling abspielte.

Die Stadt war in kaum 20 Jahren von etwa 4000 auf knapp 15.000 Bewohner angewachsen. Mödling boomte. Es war die Cote d' Azur Niederösterreichs, reiche Wiener promenierten mit den Einheimischen um die Wette, man traf sich beim Konzert, im Theater oder auf der Radrennbahn, überall stieß man auf Promis; und an den Spieltischen der immer vollen Cafes wechselten enorme Summen ihre Besitzer. Die k.u.k. Militärakademie wurde eröffnet, und aus ihr ging ja schließlich die europaweit bekannte und anerkannte Mödlinger HTL hervor. Die Kirche St. Othmar feierte ihr 450-jähriges Jubiläum und vor genau 100 Jahren konnte auch die Israelitische Kultusgemeinde Mödling ihre erste kleine Zeremonienhalle auf dem Friedhof errichten. Vor 90 Jahren wurde in der Enzersdorfer Straße 6 eine Synagoge gebaut.

Und dann waren da natürlich noch die beiden Pionier-leistungen, derentwegen man heuer auch vom „Jahr des Wassers" sprach. Die Kläranlage auf dem Gemeindegebiet von Wiener Neudorf und die Wasserleitung von Moosbrunn nach Mödling wurden fertiggestellt und feierlich in Betrieb genommen.

Reines Wasser war nämlich in Mödling nicht leicht zu bekommen im späten 19. Jahrhundert – wir erinnern uns „träge fließendes, trübes Wasser" bedeutet der uralte slawische Name der Stadt. Und der wunderbare Aquädukt, der seit 1873 der Stadt zusätzlich mediterranes Flair verleiht, brachte zwar große Mengen Wasser durch Mödling, aber keines hinein, weil alles für Wien bestimmt war. Dürfte man übrigens auf ihn hinaufsteigen, also auf den Aquädukt, könnte man sehen, dass er über und über voll mit leeren Nussschalen ist. Wie der Couchtisch eines riesigen Patschenkino-Junkies. Dabei ist weit und breit kein Fernseher in Sicht – es sind die Krähen, die den Aquädukt als Nussknacker verwenden. Sie lassen die Kerne von hoch droben auf die steinerne Abdeckung fallen, wobei sie überraschenderweise meistens treffen, landen dann und essen in aller Ruhe die zerborstenen Nüsse. Was den Vorteil hat – gegenüber einer Straße etwa –, dass sie keine Angst zu haben brauchen, beim Essen von einem Auto überfahren zu werden. Und außerdem ist hier oben die Fernsicht viel schöner. Also doch.

Jedenfalls spuckte der Aquädukt kein Wasser aus. Doch neben seiner durchaus vorhandenen Vorliebe für große Auftritte, kämpfte Bürgermeister Jakob Thoma auch mit großer Energie – und Erfolg – um reines Wasser. Für alle Mödlinger.

Dazu gehören aber natürlich immer zwei Aspekte. Man muss frisches Wasser besorgen – und die anfallenden Abwässer entsorgen. Und zwar umweltschonend. In Europa gab's zu der Zeit keine Kläranlagen, die für diesen Zweck als Vorbild hätten dienen können, also entschloss sich Thoma zu einer Studienreise nach England. Wieder zurück, gelang es ihm den Gemeinderat vom System des englischen Ingenieurs Charles Lomax zu überzeugen. 1899 wurde mit dem Bau begonnen, 1904 zeigte sich auch der alte Kaiser bei der Eröffnung dieser Pionierleistung auf dem Gebiet des Umweltschutzes beeindruckt. Um es ordentlich verschmutzen und dann wieder klären zu können, muss man aber erst einmal reines Wasser in die Stadt bringen. Aber Jakob Thoma hatte gute Kontakte in Wien, und so erfuhr er von den positiven Probebohrungen, die in Moosbrunn gemacht worden waren, ehe man sich in der Hauptstadt doch entschied, sich das Wasser im Hochschwabgebiet zu besorgen und eine zweite Hochquellwasserleitung zu bauen. Also bohrten die Mödlinger dort zwei 28 Meter tiefe Rohrbrunnen – und ab dem Jahr 1904 war die Babenbergerstadt durch eine 17,5 Kilometer lange Eisendruckrohrleitung mit den frischen Wasservorräten verbunden.

Ums Wasser musste man in Mödling dennoch praktisch während der letzten 100 Jahre kämpfen. Immer wieder gab es Probleme mit dem zu hohen Druck, ab den 20er-Jahren wurde die Stadt dann doch an die erste Hochquellwasserleitung angeschlossen, allerdings nur für die immer wieder auftretenden Notfälle. 1976 wurde schließlich der gesamte Rohrstrang ausgetauscht.

Der legendäre, immer auf Unabhängigkeit bedachte Stadtrat, Vizebürgermeister a.D., Landtagsabgeordnete a.D., Pepi Wagner ließ schließlich erfolgreiche Probebohrungen auf der Meiereiwiese durchführen. Und im November 2001 wurde die Transportleitung vom Pumpwerk Meiereiwiese zum Hochbehälter in Betrieb genommen. Der vielleicht größte Erfolg des immer unbequemen, immer kämpferischen und stets engagierten Mödlingers. Wenige Monate später ist er überraschend seinem Herzleiden erlegen.

Aber noch einmal kurz zurück zu Bürgermeister Thoma und „sein" Fest. Es muss wirklich beeindruckend gewesen sein. Richtungsweisend sogar, denn es wurde eines der, heute ungemein populären, „Historical Reenactments" veranstaltet, in großem Stil. Ganz Mödling war auf den Beinen und die tausendjährige Geschichte der Stadt wurde in historischen Kostümen dargestellt, mehr als 2000 Mödlinger waren als Ritter, Knappen, Falkner, Landsknechte, Chevauxlegers, die leichte Kavallerie, und Biedermeier-Bürger unterwegs. Dazu kamen natürlich Ringelspiele, Schaukeln, Schießbuden, Varietes, Artisten auf der Meiereiwiese, die Schauspieler des Mödlinger Stadttheaters spielten mehrmals täglich die Posse „Au weh, mi druckt die Trud" auf einer Freilichtbühne auf der Hauptstraße, die Gaslaternen wurden durch

Blick durch das Mödinger Aquädukt auf die St. Othmar Kirche

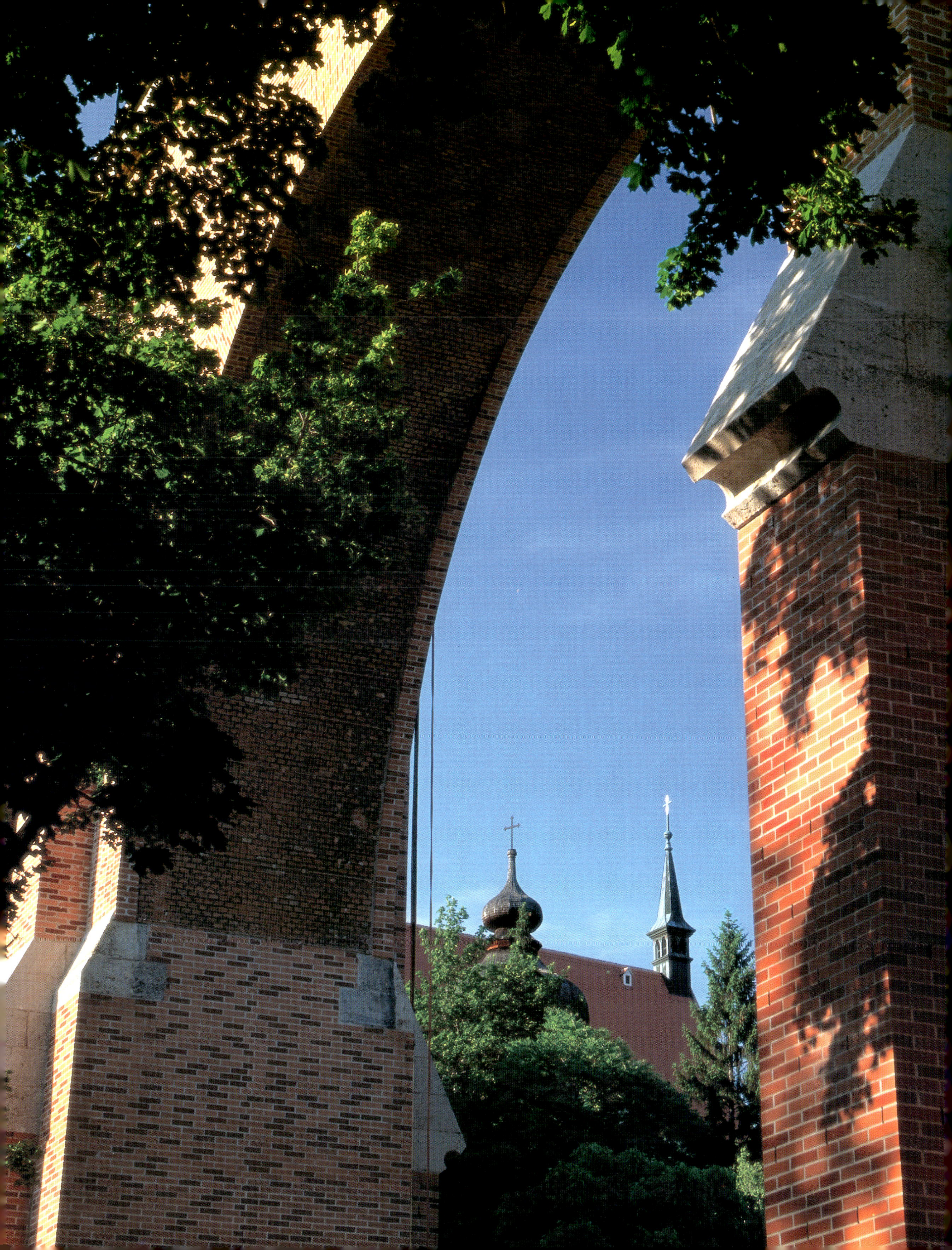

elektrisches Licht ersetzt und jeden Abend im September gab es ein „Kolossalfeuerwerk" zu bewundern.
Und am 4. November war es dann so weit, der Kaiser kam. Nach einer Rundfahrt durch die Stadt besuchte er die k.u.k. Militärakademie, die in diesem Jahr eröffnet worden war, die Kläranlage in Wiener Neudorf, freute sich sehr über die Exerzier- und Manöver-Übungen der Kinder in der „Hyrtlschen Waisenanstalt" und fuhr im Konvoi ins Prießnitztal zur feierlichen Eröffnung der Wasserleitung. Der Mödlinger Volksbote berichtete in seiner nächsten Ausgabe: „S.M. geruhte mittels elektrischem Taster die Wasserleitung in Betrieb zu nehmen."

SCHULEN FÜRS LEBEN

Was wäre eine Stadt ohne Kinder, ohne Jugend? Und was wären Jugendliche ohne Schulen? Eben, daran wollen wir gar nicht denken. Müssen wir auch nicht, in Mödling zumindest. Denn seit Mödling im Jahr 1897 durch die festliche Einweihung des Gymnasiums Keimgasse zur „Schulstadt" wurde – die ersten Maturanten gab's übrigens 1904, das wäre doch ein guter Grund für eine kleine Feier –, hat sich auf diesem Gebiet allerhand getan.
Bei allen Meriten der „höheren Schulen", auf die wir im Folgenden noch zu sprechen kommen werden, sollte man nicht vergessen, wie wichtig die gesunde, kompetente und vor allem ausreichend breite Basis ist. Quasi das Fundament der Bildungspyramide. Und so verweist man hierorts zurecht stolz auf neun Landeskindergärten, davon einer, der in der Eisentorgasse, zweisprachig, also Englisch und Deutsch. Dazu auf sieben private Kindergärten direkt in der Stadt, davon ebenfalls einer, nämlich das „Kinderhaus Kunterbunt" in der Bachgasse, auf Wunsch mit englischsprachiger Betreuung, und natürlich den sehr beliebten Montessori Kindergarten in Maria Enzersdorf. Vier Volksschulen, zwei Hauptschulen, das Sonderpädagogische Zentrum der Josef Schöffel-Schule, ein Polytechnikum, zwei Gymnasien, die „Vienna Business School" zu der man früher wohl HAK gesagt hat, die „Höhere Lehranstalt für Mode- und Bekleidungstechnik" und natürlich die Musikschule, benannt nach einem der berühmtesten Wahl-Mödlinger: Ludwig van Beethoven. Was uns jetzt endlich doch auf eine nähere Betrachtung dieses vielleicht größten Vertreters der Klassik bringen könnte, leider an dieser Stelle allerdings wieder nicht ins Konzept passt, weil uns das schultechnisch völlig aus dem Tritt bringen würde. Nur so viel: Eine Mödlinger Schule mit seinem Namen, die hat er sich wirklich verdient. Und gerade auf diese wäre er wohl auch wirklich stolz, immerhin räumten die Schüler und Schülerinnen beim heurigen Landes-Musikwettbewerb „Prima la Musica" wieder einmal ordentlich ab. Harald Stefanitsch gewann die Kategorie „Violine solistisch", Tamara-Sindu Reinisch siegte an der Gitarre und Matthias Cernusca am Klavier. Zweite Preise errangen bzw. erspielten Andreas Meyer, Magdalena Krausgruber (beide Gitarre), Magdalena Schneider, Veronika Weber, David Reismann, Michael Billich, Vincent Vogel (alle Klavier) und das Blockflötentrio „Flautissimo", bestehend aus Elisabeth Olbert, Brigitta Grünwald und Michaela Portele. Eva Prunner (Klavier) und Pia Küller (Gitarre) wurden in ihren Klassen jeweils dritte. Solche Erfolge kommen natürlich nicht von ungefähr. Mit einem Budget von 900.000 Euro wird den knapp 1000 Schülern einiges geboten. In erster Linie 40 ausgezeichnete Lehrerinnen und Lehrer eh klar, aber auch moderne Unterrichtsräume im Haus in der Babenbergergasse, einen Festsaal für Konzerte, eigenen Studios für Pop-Musik, einer neu angeschafften Kirchenorgel, und etlichen Ensembles und Betätigungsmöglichkeiten, die weit über den normalen Lehrplan hinausgehen. Vom „ABC-Orchester" für Anfänger und dem „Eltern-Kind-Singen" bis zum Kammerorchester und ausgewachsenen Rock-Bands. Ja, die Musikschule hat viel bewegt, seit der Gründung der „Mödlinger Beethovenhaus-Stiftung" durch Wilhelm Marx, und der Chemiefabrikant Hermann Cajar, selber Pianist und Cellist, auf seinem Grundstück in der Neusiedlerstraße 44 ein Schulgebäude und einen Konzertsaal bauen ließ. 1936 war das, Cajars

Eine alte Stadt mit moderner Architektur: Das Mödlinger Wirtschaftsförderungsinstitut (WIFI)

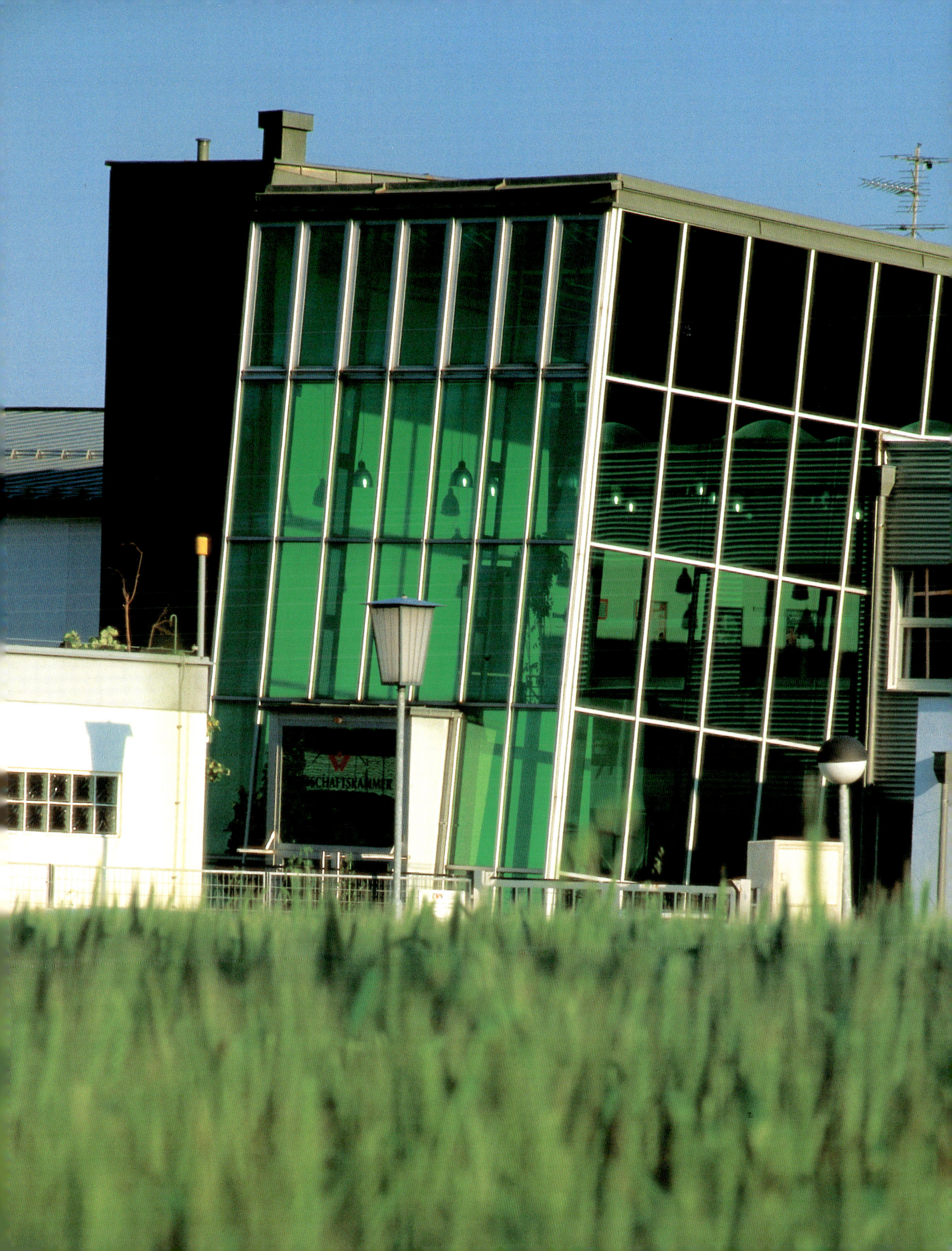

Brandsicher: Das Gebäude der Freiwilligen Feuerwehr Mödling

Enkel Werner Schmid ist übrigens der künstlerischen Familientradition treu geblieben. Er ist Pianist und Organist an der evangelischen Kirche Mödling, das von seinem Großvater errichtete Gebäude dient ihm als Tonstudio und Filmsaal.

Dass die Modeschule mit aufsehenerregenden Kreationen ihrer Schüler und Absolventen immer wieder für Furore sorgt, sei hier ebenso erwähnt wie die Tatsache, dass auf der „Vienna Business School" einige äußerst prominente heimische Fußballer fürs Leben gelernt haben. Die beiden Gymnasien stehen da natürlich um nichts nach und immerhin sind die beiden Thomase, also der Busch und der Bergholz, in die Bachgasse gegangen, genauso wie Nicole Fendesack.

So, wir haben doch nicht etwa etwas vergessen? Eine klitzekleine Kleinigkeit vielleicht, mit drei Buchstaben? Stimmt, da ist ja noch die „Höhere technische Bundeslehr- und Versuchsanstalt", kurz HTL genannt. Und diese „Kleinigkeit" ist mit knapp 3400 Schülern und gut 400 Lehrern die größte technische Schule Europas. Eine echte „Stadt in der Stadt" – und ein europaweites Aushängeschild nicht nur Mödlings, sondern ganz Österreichs. Die Internatsschüler kommen aus aller Herren Länder, und allen Teilen Österreichs natürlich. Und dabei spielt der exquisite Speiseplan, der mit Indischer Reispfanne, Chop Suey, Kartoffeltäschchen mit Kräuterfülle und auf Wunsch gänzlich vegetarischer Verpflegung so gar nicht an die finsteren Internatsgeschichten unserer Jugendzeit erinnert, wahrscheinlich nur eine periphere Rolle. Das Unterrichtsangebot, die technische Ausrüstung und die hervorragenden Lehrer machen wohl die Sonderstellung dieser Schule aus. Spitzenkräfte für Spitzenkräfte. Das ehrwürdige Haus – ach was Haus, die unglaublich riesige Anlage – ist in allen Belangen am Puls der Zeit. Und das, obwohl man heuer ein sehr sehr rundes Jubiläum begeht: Vor 100 Jahren, genau am 4. November 1904, wurde die „k.u.k.-Technische Militärakademie" eröffnet. Ein Monumentalbau im Süden der Stadt, mitten in den Weinbergen, auf satten 18 Hektar Land, ein Haupt-, 25 Nebengebäude und ein eigener Krankenpavillon. Eröffnet wurde natürlich vom Kaiser selbst, der sich in diesem Jahr ohnehin fast öfter in Mödling als in Wien aufhielt – aber dazu später mehr.

1919 wurde aus der Offiziers-Schmiede eine „Technisch-Gewerbliche Staatslehranstalt" mit den Abteilungen Hochbau, Tiefbau, Elektrotechnik und Maschinenbau, 1963 erhielt sie schließlich ihren noch heute gültigen Namen. Und inzwischen kamen auch etliche neue Abteilungen dazu – 11 sind es bis heute, und man zeigt sich natürlich für alle neuen Entwicklungen offen. Umwelttechnik wird hier längst gelehrt und gelernt, ebenso wie Innenraumgestaltung, Möbelbau, Holztechnik, Elektronik- und Nachrichtentechnik und Mechatronik. Apropos Mechatronik: In dieser aufregenden Disziplin – es geht dabei laut Definition um „die synergetische Verknüpfung von Feinwerktechnik, elektronischer Steuerungstechnik und Systemtechnik zum Zwecke der Produktentwicklung und –herstellung" – siegten beim Ideenwettbewerb „Jugend Innovativ 2004" drei Mödlinger HTL-Schüler. Martin Knöbel, Florian Größbacher und Gerhard Schöny beeindruckten die internationale Jury mit ihre „Automatischen Stimmvorrichtung für Membranen von Kondensatormikrophonen". Und zwar so sehr, dass „AKG-Acoustics" das Gerät in seine Fertigungslinie aufnehmen wird. Dadurch qualifizierten sich die drei auch für die Erfindermesse „International Exhibition for Young Inventors" in Tokio und den europäischen Wettbewerb „16th European Union Contest for Young Scientists", der im Herbst 2004 in Dublin stattgefunden hat. Achtung sollte man aber auch vor all jenen haben, die sich im Verein „EZA-HTL" engagieren. Der wurde vor 23 Jahren von Lehrern und Schülern gemeinsam gegründet und „Hilfe zur Selbsthilfe" war das ebenso

Der „Herzoghof" im Zentrum der Altstadt mit Blick auf das Rathaus und die St. Othmar Kirche

knappe wie sinnvolle Motto. Wie viel Arbeit, Organisation, Enthusiasmus dahinter steckt, lässt sich erahnen, wenn man Vorgehensweise und bisherige Projekte betrachtet. In den Ferien wird einen Monat lang in einem Entwicklungsland ein Bauprojekt angekurbelt. Dass die meisten Projekte nach dieser Zeit nicht abgeschlossen sein können, ist Intention, denn ein wichtiges Ziel der Mitglieder des Vereins ist es gemeinsam mit der Bevölkerung, mit lokalen Materialien und Techniken zu arbeiten. Und diese Projekte werden schließlich von den Einheimischen selbst fertiggestellt. Mit ihren Lehrern Alois Spitzbart, Peter Mackinger, Hans Sax und Karl Prinz bereisten die Mödlinger Schüler in den letzten sieben Jahren die ganze Welt. In Namibia wurde ein zusätzliches Schulgebäude für Buschmannkinder errichtet, in Argentinien eine landwirtschaftliche Berufsschule. In Sri Lanka ging es um Fundamentales, die Errichtung einfacher Häuser für die Bevölkerung. In Bolivien wurde ein abgelegenes Inka-Dorf mit Strom versorgt und in Ecuador konnte eine Schule für körperlich und geistig behinderte Kinder gebaut werden. Dabei sind die Mödlinger Entwicklungshelfer immer auf eigene Kosten unterwegs – denn Spenden- und Sponsorengelder fließen zu 100 Prozent in die Projekte. Flug, Unterkunft und Verpflegung muss jeder Teilnehmer selbst bezahlen.

Doch auch für die leichten, unbeschwerten Dinge des Lebens sind die angehenden Techniker zuständig. „Der HTL-Ball im Winter und das große Schulfest im Sommer sind absolute Pflichttermine", sind sich Nikki und die beiden Thomase, also der Busch und der Bergholz einig. Weil wir grad dabei sind, bei der guten Unterhaltung und so: Früher gab's gleich in der Nähe der HTL, beim so genannten „Fliegenspitz", eine griechische Taverne. Der Besitzer hieß Solon, wie der große Politiker und Philosoph im alten Athen. Der Mödlinger Solon machte zwar keine ähnlich staatstragende Karriere, aber ein sehr feines Stifado und vor allem, er veranstaltete einmal wöchentlich einen „Griechischen Abend" mit Live-Musik. Und hier kommen zwei ehemalige Wahlmödlinger oder, um ganz genau zu sein, Vorderbrühler, ins Spiel, die auf keinen Fall unerwähnt bleiben sollen. Marios und Julie Anastassiou, die mittlerweile als Duo, mit ihrem Ensemble oder in Gemeinschaftsprojekten mit Otto Lechner, der Wiener Tschuschenkapelle und den steirischen Volksmusik-Heroen von Aniada a Noar, europaweit für volle Säle

sorgen, haben hier angefangen. Beim Mödlinger Solon. In der „Taverne am Fliegenspitz". Solon ist inzwischen allerdings im wohlverdienten Ruhestand, aus der griechischen Taverne wurde das Restaurant „Chili". Da kann man natürlich auch sehr schön sitzen. Und essen. Ohne die Musik von Marios & Julie halt. Komplett verzichten muss man auf die beiden allerdings nicht. Sie wohnen inzwischen zwar in Wien, aber wenn es ein griechisches Fest gibt, kommen Sie immer noch gerne nach Mödling.

Marios ist seiner Lieblingsstadt auf noch eine Art verbunden. Er spielt als griechischer Legionär im Subbuteo-Tischfußballverein von Thomas Busch und Thomas Bergholz. Und was ein griechischer Legionär in fußballerischen Zeiten wie diesen Wert ist, darüber brauchen wir ja gar nicht reden.

Von Fürsten und Föhren

Jetzt aber, die Sache mit dem Fürsten Liechtenstein, den Föhrenwäldern und der „Breiten Föhre": Fürst Johann I. von Liechtenstein prägte das Bild der Mödlinger Umgebung. Er schmückte die Bergrücken mit künstlichen Ruinen, dem „Schwarzen Turm", den „Augengläsern", dem Amphitheater und Österreichs erstem Kriegerdenkmal, dem Husarentempel. Er ließ die alte Babenberger-Burg und Liechtenstein, den Stammsitz seiner Familie restaurieren. Und den besonderen Charme, den südlichen Flair der Gegend machen zu einem guten Teil die vor 200 Jahren vom ihm gepflanzten Föhrenwälder aus. So gesehen ist er „Schuld", dass man sich hier immer ein wenig wie „auf Urlaub" vorkommt. So „italienisch" oder „griechisch" oder so ähnlich. „Vielfältiger, romantischer und liebenswürdiger gegliedert als der westliche Wienerwald", beschreibt in diesem Sinne auch die Mödlinger Schriftstellerin Elisabeth Schicht ihre heimatliche Landschaft. Aber artfremd waren die schönen Südeuropäer hier natürlich nicht, es gab sie schon lange vor dem Fürsten. Sonst hätte Herr Ludwig Julius Ferdinand Schnorr von Carolsfeld auch nicht im Jahr 1838 sein berühmtes Bild „Die breite Föhre nebst der Brühl bei Mödling" malen können. Ein genauerer Blick auf das Gemälde – es hängt übrigens heute im Oberen Belvedere in Wien – zeigt allerdings auch, wie sich die Gegend seitdem verändert hat. Laubwald herrschte damals vor, hauptsächlich Flaumeichen, und Föhren gab es

VOR MIR LEBEN PUR.

VitalPlan PLUS
Gesund leben wird belohnt.

UNIQA
und sicher.

www.uniqa.at

nur vereinzelt, sagen wir einmal, es waren halt nur besonders wagemutige Vertreter ihrer Spezies, die sich so weit in den Norden getraut haben. Und die Wiesen waren richtige Steppenwiesen, sorgten für eine eher pannonische Stimmung. Ja, so sah es damals aus, und als Schnorr von Carolsfeld sie verewigte, war die wunderschöne Föhre wohl schon über 150 Jahre alt. Vielleicht waren's sogar 500 Jahre, da gehen die Schätzungen stark auseinander. Sicher ist, dass sie einiges mitbekommen hat, im Lauf der Zeit. Gehen wir zurück, und nehmen 1350 als Geburtsjahr dieses Mödlinger Wahrzeichens an. Die „Herzöge von Mödling", eine Nebenlinie der Babenberger, waren bereits von den Habsburgern abgelöst worden, die dem mittelalterlichen Dorf gerade das Marktrecht verliehen hatten. „Markt ze Medlich" hieß es nun offiziell, etwa 250 Häuser und zwei Kirchen, die St. Othmars- und die Martins-Kirche, standen innerhalb der hölzernen Palisaden. In den 180 Jahren bis zur ersten Türkenbelagerung dürfte die Föhre größenmäßig dann ganz schön zugelegt haben, jedenfalls überstand sie die Reiterheere des Sultans Suleiman ebenso unbeschadet wie den darauf folgenden 30-jährigen Krieg. Weder Blitz und Donner noch die Pest von 1679 oder die zweite Türkenbelagerung konnten ihr etwas anhaben. Die steirischen Siedler, mit denen Mödling, dessen Bewohner beinahe vollständig diesem Krieg zum Opfer gefallen sind, wieder aufgebaut wurde, werden wohl schon in ihrem Schatten gerastet haben, geredet, geschlafen, geliebt – so wie 100 Jahre später die vielen Sommergäste des Biedermeier, die diese herrliche Gegend für sich entdeckt hatten. Ist Ludwig van Beethoven hier gesessen, nahe seiner „göttlichen Briehl", mit dem Rücken an den verwitterten Stamm des alten Baumes gelehnt, und hat Melodien vor sich hingesummt, die er später, als er im Mödlinger Christhof wohnte, zur „Missa Solemnis" verdichtet hat? Hat Franz Grillparzer unter ihren breiten, schützenden Ästen von Leben und Traum geträumt, Ferdinand Raimund ihre Magie gespürt? Auch der große Wiener Theater-Zauberer war gerne in Mödling, liebte, wie Beethoven, das Gasthaus „Zu den 2 Raben" – der Bonner Komponist kreierte die „Elf Mödlinger Tänze" übrigens eigens für die Musiker dieses Hauses – und streifte oft und lange durch die Wälder der Umgebung. Dort sollen sich Raimund und Grillparzer, der sehr oft in der Gegend war, da seine Cousine Johanna mit dem Mödlinger Bürgermeister Joseph Scheffer verheiratet war, auch einmal unter merkwürdigen Umständen getroffen haben. Der Dichterfürst bemerkte Raimund, der hoch oben in der Krone eine Föhre saß, grüßte den merkwürdigen Mann höflich und fragte wohlwollend, was der denn da oben mache? „I dicht'", sagte Raimund darauf, sprang vom Baum und reichte Grillparzer seine vom Harz klebrige Hand. Wie viele Hände haben wohl den knorrigen Stamm der breiten Föhre getätschelt, mit wie vielen Berühmtheiten und ganz normalen Menschen, Verliebten, Traurigen, Fröhlichen oder Verzweifelten, könnte man wohl etwas teilen, für einen ganz kurzen Augenblick, wenn man langsam seine Hand über die raue Rinde dieses Baumes, unter der durch die Kräfte der Osmose das Leben seit Jahrhunderten in gleichmäßigem Strom fließt, streichen ließ? Kann man nur leider nicht mehr, diese Chance haben wir verpasst. Das 20. Jahrhundert, ihr siebentes, wenn wir bei unserer Zeitrechnung bleiben, war kein gutes für die breite Föhre. Nein, man hat ihr nichts getan, sie war doch eine Berühmtheit, geliebt und verehrt, nicht nur bei den Mödlingern. Alt war sie halt schon, sogar für einen Baum. Der Zahn der Zeit nagte an ihr, wohl auch so manches Insekt und schon in den 50er-Jahren war es Melanie Wissor, der späteren Direktorin des Volkskundemuseums, klar, dass es mit ihr bald zu Ende gehen würde. „Freudige Tage hat unser Baum erlebt, als er noch stolz und voll schwellender Kraft war. Jetzt trägt er an knorrigem Geäst nur mehr wenige Nadeln und sieht gar nicht mehr lebensfroh aus", schrieb sie damals. In den 90ern war es dann so weit – die breite Föhre starb. Doch das endgültige Aus wurde lange nicht akzeptiert, niemand hätte es übers Herz gebracht, den Baum zu fällen. Spendenaktionen und Künstlerinitiativen sorgten für die nötigen finanziellen Mittel um den Baum zuerst zu stützen, später sollte er durch einen Glasfiberüberzug konserviert werden. Doch es half nichts, die Föhre war zu morsch, sie drohte umzuknicken. 1997 musste sie gefällt werden. Wobei, gefällt ist vielleicht nicht das richtige Wort: Sie wurde eher sorgfältig demontiert. Zweig um Zweig, Ast um Ast wurden abgeschnitten und gewissenhaft nummeriert, um sich die Möglichkeit zu bewahren, den geliebten Baum irgendwann einmal wieder aufzubauen. Und das geschah bereits, früher als erwartet: Seit einem Jahr steht sie wieder, die Mödlinger „Breite Föhre". Allerdings im St. Pöltener Landesmuseum.

Die Donau. Sie glättet das Klima und hilft so den Trauben zur Reife. Die kühlen Winde vom Hochland bringen dem Wein die Würze.

Sie befinden sich hier. Vor sich ein Glas mit herrlich duftendem Wein und eine Saumeise mit 680 Kalorien. Aber die Kalorien stören Sie überhaupt nicht.

Terroir. Terr-oo-a? Das kann man im Weinland Niederösterreich auch schon gut aussprechen, weil es modern geworden ist. Früher haben sie „Weingarten" dazu gesagt und ganz früher (vor ca. 350 Mio. Jahren) ist der hier auf dem Bild aus dem Urmeer aufgestiegen; na ja, damals noch ohne Wein.

Das ist der Xaver. Sein Riesling ist aber meistens ausverkauft. Weil sie gar so viel in der Zeitung darüber schreiben.

Kurz Urlaub machen.
Im Land für Genießer.

+43-1-535 05 05
www.niederoesterreich.at

NIEDERÖSTERREICH – DAS WEITE LAND

Beethovens glühende Liebesbriefe & die Brühl

Heute ist hier, im so genannten „Hafnerhaus", die Mödlinger Beethoven-Gedenkstätte. Ein stimmungsvoller Ort, ein schönes Anwesen, Renaissance, 16. Jahrhundert. Im verträumten Hof mit den wunderbaren Pfeilerarkaden wird der geniale Musiker wohl auch öfter gesessen sein. Ein sonderbares Gefühl, ihn quasi mit ihm zu teilen. Eines, dass man auskosten sollte. Vor allem, da hier auch der „kunstraum|arcade" seine Heimstätte hat. Helga Cmelka leitet diese „Galerie im Beethoven-Haus" und bringt, beinahe monatlich, neue Spuren der Kunst nach Mödling. Nicht immer leicht verdauliche Kost im ehrwürdigen Haus, Avantgarde im luftigen Hof und den Räumen der Arkade. Konsequent, seit mittlerweile 30 Jahren. Das Alte und das Neue, in perfekter Harmonie. Und dabei sollte man nicht vergessen, dass es Beethoven war, der durch die Intensität seiner musikalischen Sprache die Strukturen der Klassik aufgebrochen hat.

Und also, der vielleicht Größte ganz zum Schluss. „Arm bin ich und elend", schrieb Ludwig van Beethoven, als er 1818 in Mödling eintraf. Zum Einen konnte der Wiener Erfinder Johann Nepomuk Mälzel gar keine so großen Hörgeräte mehr bauen, als dass sie dem armen Mann wirklich viel gebracht hätten, und zum Anderen hatte er eher heftige private Probleme. Seit drei Jahren stritt er sich mit der Witwe seines Bruders um das Sorgerecht seines Neffen Karl. Um die Bedeutung dieses Familienstreits zu ermessen, sollte man Folgendes berücksichtigen, von dem allerdings einiges, zugegebenermaßen, nicht ohne jeden Zweifel geklärt ist. Fakt ist, dass der große Musiker, seit er in Wien seine glänzende Karriere begann, immer wieder heftig verliebt war. Meistens in seine Schülerinnen, Giuletta, Therese und vor allem Josephine Brunswick seien hier genannt, aber auch Antonie und Bettina von Brentano. Meistens unglücklich, da die jungen Damen schließlich „standesgemäß" heirateten.

Fakt ist auch, dass er in Wien einige Zeit mit seinem Bruder zusammenlebte, und die beiden eine Frau namens Johanna Reiss kennen lernten. Beethovens Bruder verliebt sich in die hübsche Johanna, sie wird schwanger und die beiden reisen relativ überstürzt zurück nach Bonn. Und ebenfalls verbürgt ist, dass der als hart und mürrisch verschriene Beethoven innerhalb eines Tages drei glühende Liebesbriefe geschrieben hat, die wahrscheinlich nie angekommen sind. Wann diese Briefe geschrieben wurden, zwischen 1801 und 1812, weiß man nicht, man kennt das Datum, die Tageszeit, und den Text:

„am 6ten Juli, Morgends.

Mein Engel, mein alles, mein ich. Nur wenige Worte heute, und zwar mit Bleystift (mit deinem)…Kann unsere Liebe anders bestehn als durch Aufopferung, durch nicht alles verlangen, kannst du es ändern, dass du nicht ganz mein, ich nicht ganz dein bin? …die Liebe fordert alles und ganz mit Recht, so ist es mir mit dir, dir mit mir – nur vergisst du so leicht, dass ich für mich und für dich leben muß, wären wir ganz vereinigt, du würdest dieses schmerzliche eben so wenig als ich empfinden…bleibe mein treuer schaz, mein alles, wie ich dir – das übrige müssen die Götter schicken, was für unß sejn muß und sejn soll.

Dein treuer Ludwig." –

„Abends Montags am 6ten Juli

…Ach wo bin ich, wo bist du mit mir, mit mir und dir…mache dass ich mit dir leben kann. welches leben!!! so!!! ohne dich…wie du mich auch liebst – stärker liebe ich dich doch – ach Gott – so nah! so nah! so weit! ist es nicht ein wahres Himmels-Gebäude unsre Liebe – aber auch so fest, wie die Veste des Himmels." –

„guten Morgen am 7ten Juli

schon im Bette drängen die Ideen zu dir meine Unsterbliche Geliebte, hier und da freudig, dann wieder traurig. Vom Schicksaale abwartend, ob es unß erhört – leben kann ich entweder nur ganz mit dir oder gar nicht…Deine Liebe macht mich zum glücklichsten und zum unglücklichsten zugleich – in meinen Jahren jezt bedürfte ich einiger Einförmigkeit Gleichheit des Lebens – kann diese bei unserm Verhältniße bestehn?…sej ruhig – liebe mich – heute – gestern – Welche Sehnsucht mit Thränen nach dir – dir – dir – mein Leben mein alles – leb wohl – o liebe mich fort – verken nie das treuste Herz deines Geliebten.

L.

ewig dein ewig mein ewig unß."

An wen diese drei, als „Brief an die Unsterbliche Geliebte" in die Geschichte eingegangenen, Schreiben gerichtet waren, ist nicht bekannt. Manche glauben, Giulette war die Auserwählte, es spricht aber auch einiges für Josephine. Eine dritte Theorie geht davon aus, dass sich beide Brüder Beethoven in Johanna Reiss verliebt haben, diese sich aber nach einer Affäre mit Ludwig doch für seinen Bruder Kaspar entschied, weil der im Gegensatz zum unsteten Künstler finanziell abgesichert war. Das ließe dann auch die Frage zu, von wem das Kind war, um das Beethoven von 1815 bis 1820 so hartnäckig kämpfte – und wäre eine Erklärung für seinen Zustand, als er nach Mödling kam.

Aber in der „göttlichen Briel", flogen ihm die Ideen bald wieder zu. Wahrscheinlich auch in seinem Stammwirtshaus, den „2 Raben", wo er es sich ganz gerne gut gehen ließ. Ziemlich deftig eher, mit Blutwurst, Gröstl und dem einen oder anderen Kirschschnaps zum Verdauen. „Die Kocherey bleibt eine Hauptsache", schrieb er zu dieser Zeit an einen Freund. Zum Glück nicht die einzige, sonst hätte er den Stammmusikern des Hauses ja nicht die „11 Mödlinger Tänze" widmen können. Auch die „Hammerklaviersonate" wäre nicht mehr entstanden – und die „Missa Solemnis" auch nicht, denn die hat er zu einem großen Teil in seinem Wohnhaus in der Hauptstraße 79 komponiert.

Beeindruckend ist dann auch ein Rundgang durch die drei Räume, die Beethoven im ersten Stock des Hauses bewohnt hatte. Ein Zimmer wurde derart detailgetreu eingerichtet, dass man als Besucher unwillkürlich das Gefühl hat, der durchaus als grantig bekannte Komponist hätte nur für einen Sprung seinen Arbeitsplatz verlassen und würde fürchterlich toben, wenn er zurückkäme und einen dabei erwischt, wie man seine gute Stube herumsucht. Beinahe gespenstisch.

Immer wieder ließ der berühmte Bonner durchblicken, dass er sich gerne auf Dauer in Mödling niederlassen wolle. Allein, ein Haus zu finden, dass man sich auch leisten konnte, war schon damals nicht so ganz einfach. Heute geht man davon aus, dass Beethoven sogar versucht hat, unter falschem Namen ein Haus zu kaufen, beziehungsweise für einen obskuren „Freund". Vielleicht dachte er ja, dass es auf diese Weise ein wenig billiger wird. Es ging um den „Christhof" in der Achsengasse 6, den er im Sommer 1820 auch gemietet hatte. Doch Beethoven und Johann Speer, der Besitzer des Hauses wurden sich nicht einig – sieben Jahre später starb das Musikgenie, ohne sich seinen Wunsch erfüllen zu können.

So blieben Beethoven leider nur jene ganz besonderen Sommermonate. Ein junger Maler aus Breslau beobachtete ihn damals öfter auf seinen ausgedehnten Spaziergängen. „Im Wienerwald begegnete mir Beethoven mehrere Mal, und es war höchst interessant, wie er oft wie lauschend stehen blieb und dann Noten auf dem Blatt verzeichnete", erinnerte er sich später. Bald darauf lernte der junge Mann den großen Musiker kennen. Er hieß August von Kloeber und wurde weltberühmt. Durch seine technisch perfekten, spielerisch leichten, mythologischen Historienbilder – und ein ausdrucksstarkes Beethoven-Porträt.

Es dauerte lange, bis er den zu dieser Zeit doch eher unnahbaren Komponisten dazu überreden konnte. *„Jede kleinste Gemütsschwankung spiegelte sich sofort und heftig in seiner Miene wider"*, schrieb der Maler über diese Sitzungen.

Das erste, was Ludwig van Beethoven zu August von Kloeber gesagt hat, als der ihn in im Hafnerhaus besuchte, um ihn zu malen? „Sie müssen sich in Mödling ordentlich umsehen, denn es ist sehr schön."

Dem ist wohl nichts mehr hinzuzufügen.

Lebenswert

Liebenswert

Ein Land wie aus dem Bilderbuch. Mit wundervo
Ausbildung, Karriere, Vergnügen, Vorsorge. Mit e
Begleiter und starker Partner ist. Mit Nah
Damit manche Träume wahr werden.

Mein Nie

n Seiten für jeden:
er Bank, die vertrauenswürdiger
rhältnis und Weitblick.

derösterreich

Raiffeisen. Meine Bank

Unsere Heimatstadt

MENSCHEN, DIE MÖDLING PRÄGEN

Die vorgestellten Gruppen und Vereine sind selbstverständlich nur ein Teil der vielen Organisationen, die in Mödling tätig sind.

Theatergruppe UPS
(Unplugged Play Station)

1.Reihe (v.l.n.r.): Rita, Phillipp, Clara, Anna-Lena, Lenni, Raphael, Nikole, Ines
2.Reihe (v.l.n.r.): Julia, Kathi, Andrea, Theresa, Denise, Kathi, Lena, Lisa-Marie, Noemi
3.Reihe (v.l.n.r.): Patrick, Hannah, Nena, Sammy, Nicole Fendesack, Emma, Anna, Jasmin, Fabian
4.Reihe (v.l.n.r.): Ana, David, Matthias, Matthias, Magdalena

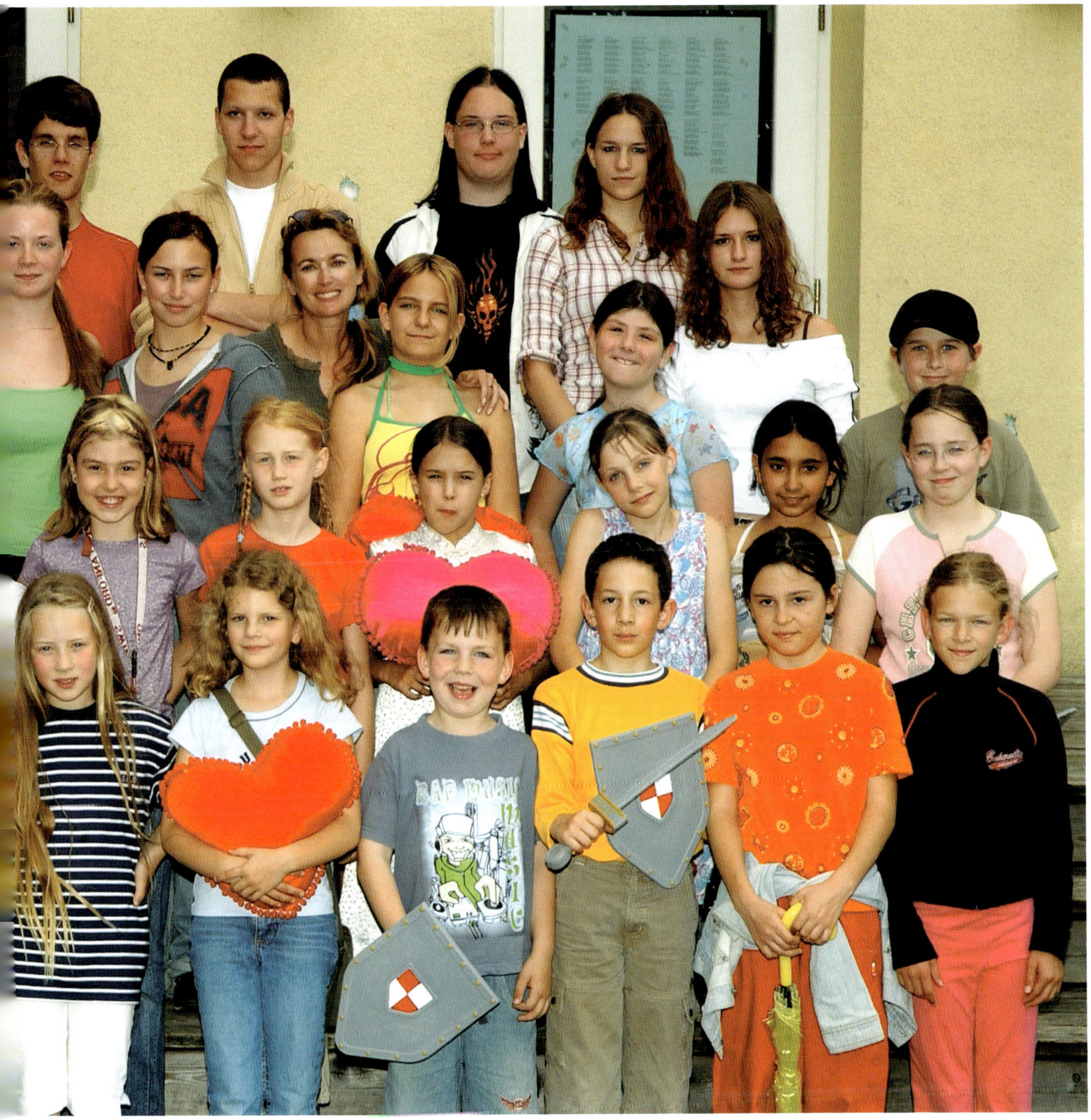

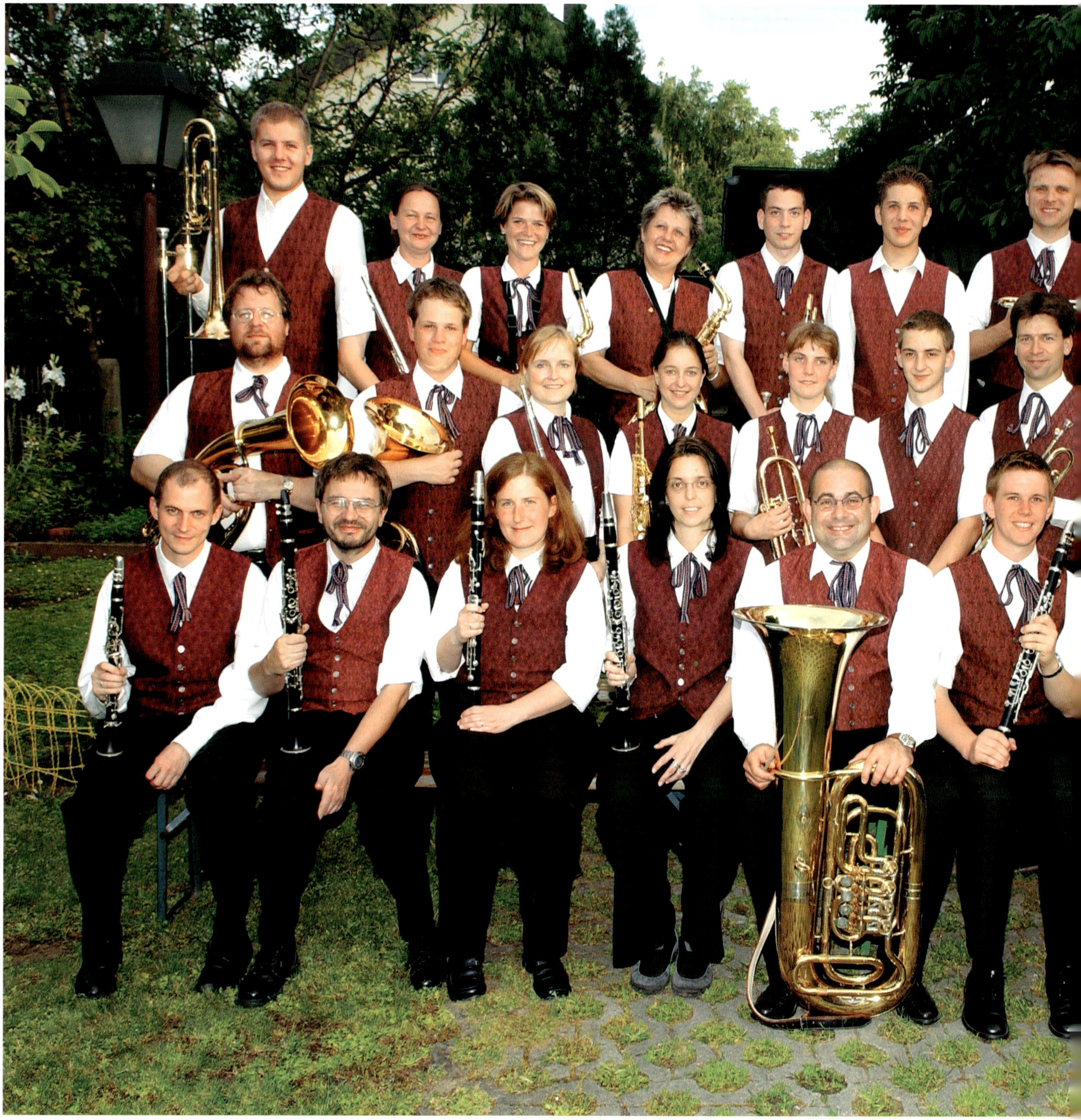

Blasmusikkapelle der Stadt Mödling

1. Reihe (v.l.n.r.): Michael Kotay, Andreas Karnik;
Michaela Kotay, Sabine Smid-Glasmaier,
Bernhard Zingler, Harald Radlwimmer, Lucia Langer,
Christa Radlwimmer, Andrea Portele

2. Reihe (v.l.n.r.): Roland Weber, Christoph Schodl,
Petra Paul, Inge Schüller, Julia Kaiser,
Gunther Taufratzhofer, Bernhard Budil, Johann Uchatzi,
Kurt Arnhold

3. Reihe (v.l.n.r.): Alexander Hauschka, Michaela Paul,
Karin Tausendschön, Elisabeth Hauschka,
Daniel Mitsch, Thomas Hauschka, Ralph Schüller,
Berndt Schüller, Reinhard Lerch

Fechtunion Mödling

1. Reihe (v.l.n.r.): Martin Sonia, Kolar Peter, Koch Dominik, Csepai Jakob, Fischer Martin, Schnupperfechter, Brzezinski Adam, Schnupperfechter, Weichselbaum Lisa, Klicpera Manuela

2. Reihe (v.l.n.r.): Martin Elsa, Bohun Jonas, Pilz Matthias, Modos Peter, Graber Alex, Moser Martin, Schnupperfechterin, Messner Barbara, Grasnek Alfred

3. Reihe (v.l.n.r.): Lottspeich Gio, Kleinberger Sandra, Kranister Verena, Turetschek Lukas, Genser Martina, Ersek Arpard, Pranz Rene, Wigoutschnig Christian, Genser Kathi, Oprzedek Maximilian, Hühnel Johannes, Oberleitner Roman, Grasnek Birgit, Wilau Matthias, Gerevich Pal, Ender Pia, Richter Andreas, Ludwig Michael, Szlovenszky Lajos

127

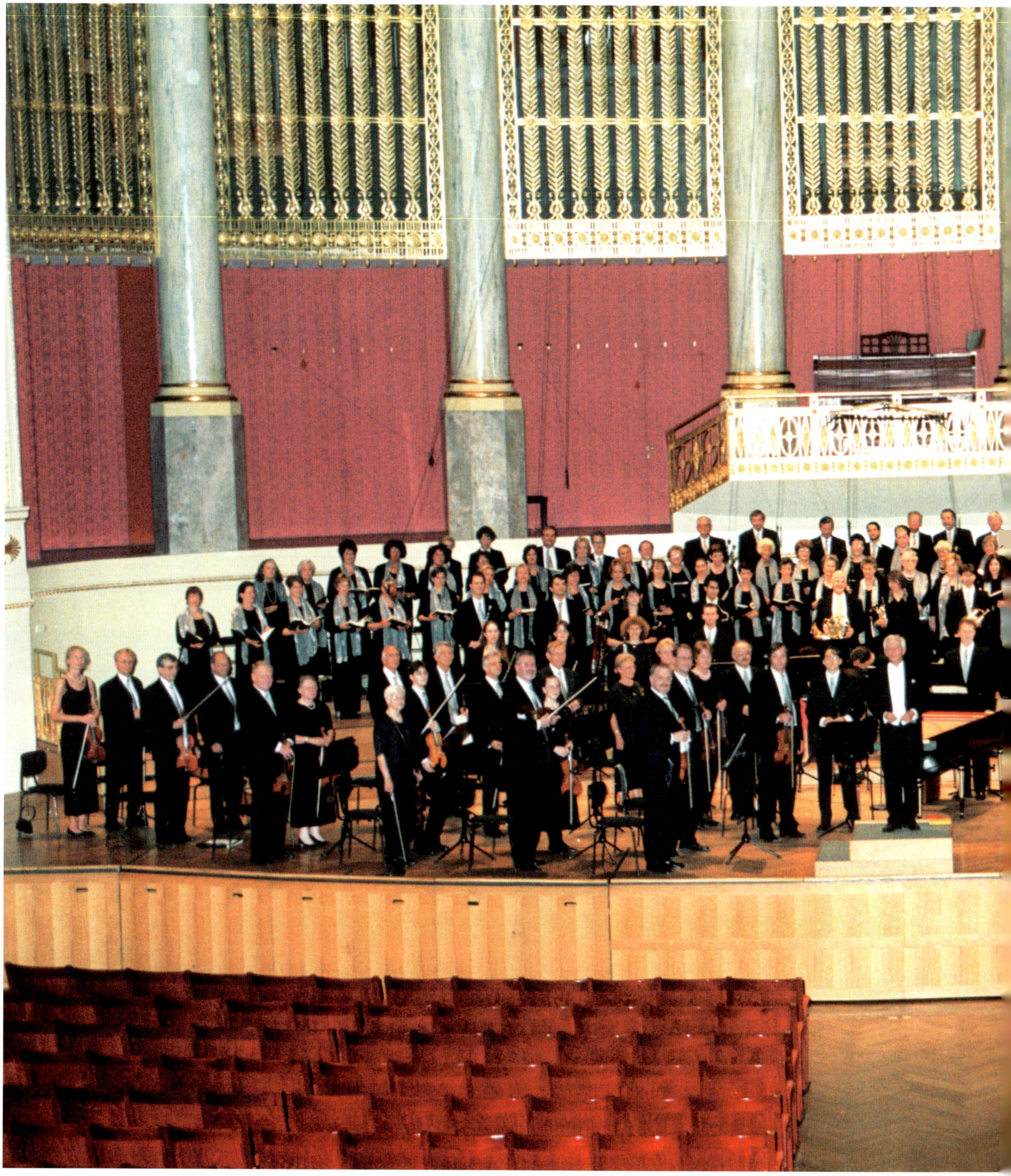

Mödlinger Symphonisches Orchester

Das Mödlinger Symphonische Orchester im Wiener Konzerthaus bei einem gemeinsamen Konzert mit der Wiener Evangelischen Kantorei (22. Juni 2001, "Die Schöpfung" von J. Haydn) unter der Leitung von Prof. Conrad Artmüller

Österreichisches Rotes Kreuz
Landesverband Niederösterreich
Bezirksstelle Mödling

1. Reihe (v.l.n.r.): Gerald Pitsch, Techn. Rat Ing. Volkmar Burger, Jugendrotkreuzgruppe Mödling, Bgm.a.D. OSR Harald Lowatschek, Reg. Rat Dieter Mayerhofer.

2. Reihe (v.l.n.r.): Andreas Klinger, Ernst Sevcnikar, Karl Käppl, Bgm. LAbg. Hans-Stefan Hintner, Gerhard Poyer, LR Emil Schabl, Ev. Pfarrer Dr. Klaus Heine, Kath. Pfarrer Mag. Richard Posch, Anton Holper, Christian Prechelmacher.

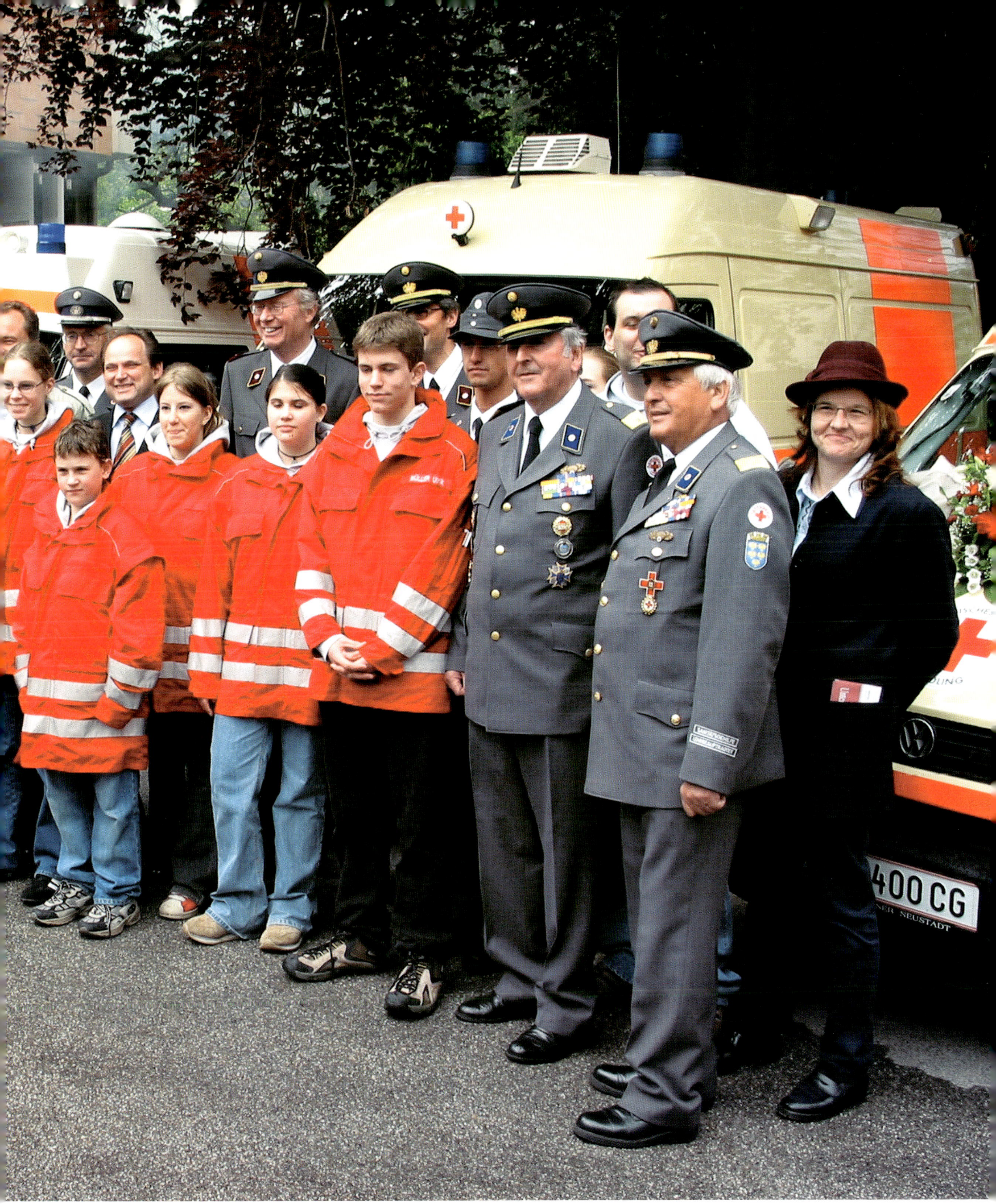
400 CG

EVN
EDOX
VFB Admira
Wacker Mödling
ELEKTROTECHNIK
BAZALA
HEIM
BASRY
ADMIRA
NIEDERÖSTERREICH
www.basry.com

Nordea Admira (VfB Admira Wacker Mödling)

1. Reihe (v.l.n.r.): René Riesner (Masseur), Mate Brajkovic, Vladimir Jugovic (nicht mehr bei Admira), Martin Krenn (2. Tormann), Grzegors Szamotulski (1. Tormann), Georg Heu (3. Tormann und Tormanntrainer), Erwin Hoffer, Patrick Osoinik, Hans-Jürgen Leitner (Masseur)

2. Reihe (v.l.n.r.): Peter Kutschera (Sektionsleiter Spieler), Michael Hatz (Kapitän), Tomasz Iwan, Adam Ledwon, Marlo Schony, Bernd Krauss (Trainer), Dominik Thalhammer (Co-Trainer), Mathias Brandmayer, Marijan Kovacevic, Bernhard Schachner, Helmut Weber (Zeugwart), Ing. Christian Trupp (Manager)

3. Reihe (v.l.n.r.): Harald Suchard, Stefan Kogler, David Mohl, Patrick Wunderbaldinger, Janos Matyus, Thomas Zingler, Daniel Gramann, Daniel Wolf, Pascal Ortner, Dario Baldauf, Christian Thonhofer, Martin Dorner

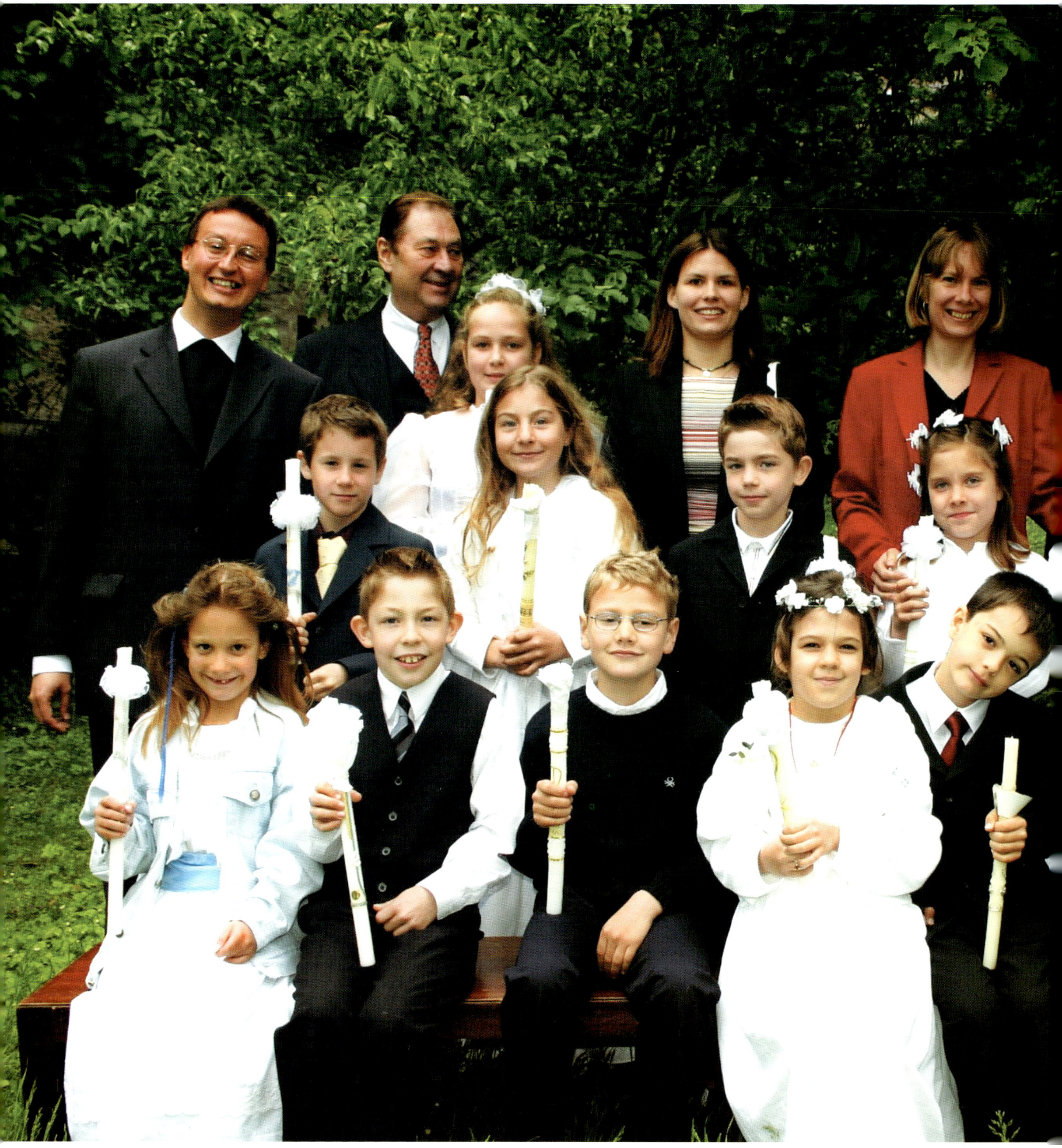

Pfarramt St. Othmar Mödling

Kinder der 2a der Karl Stingl Volksschule bei der Erstkommunionfeier 2004

Hinterste Reihe (v.l.n.r.)
Kaplan Dr. Peter Schipka
Direktor Karl Badstöber
Klassenlehrerin Sabine Ptacek
Religionslehrerin Christiana Steiniger
Pfarrer Lic. Richard Posch

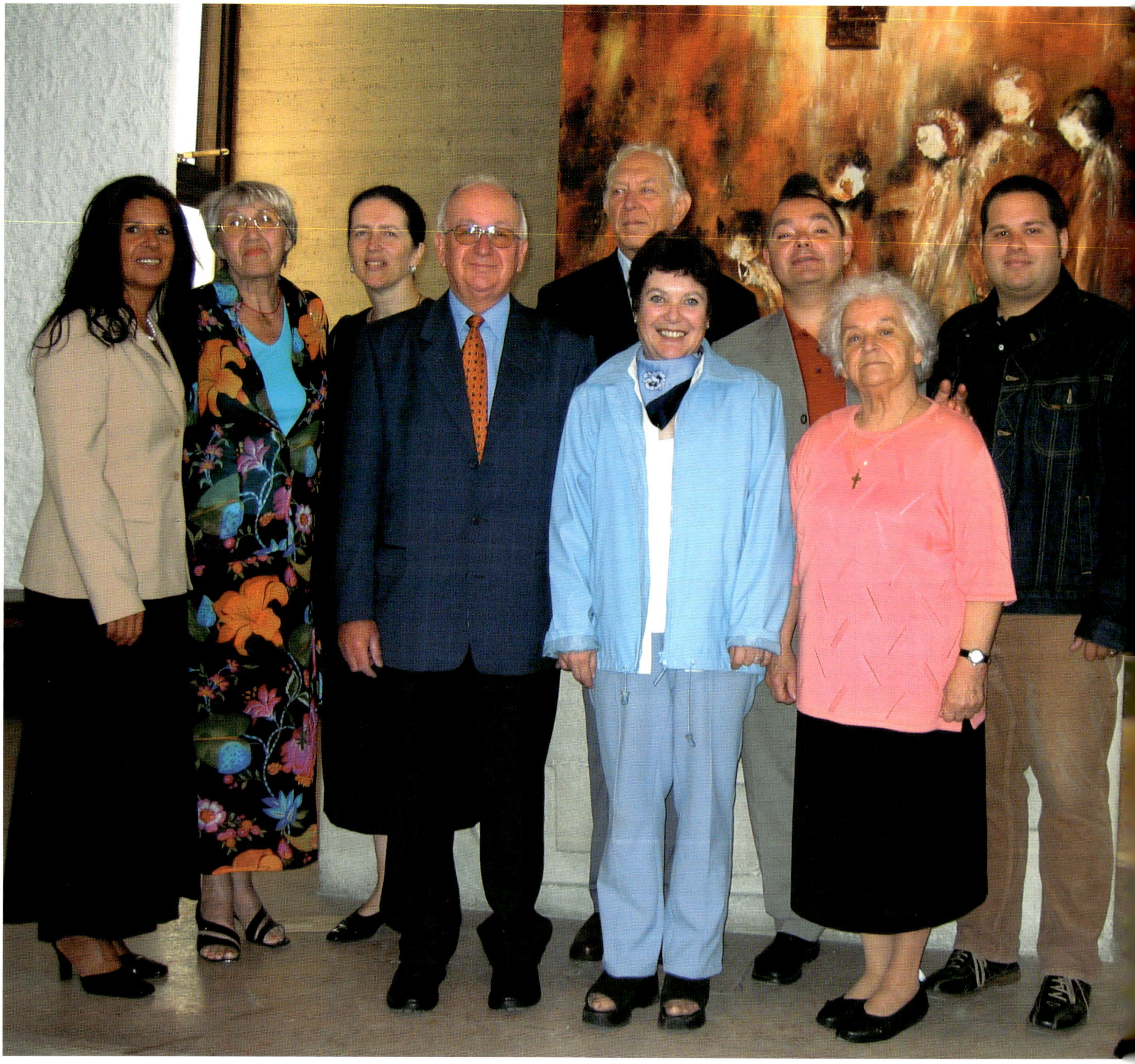

Copyright: Pfarre Herz Jesu Mödling

Pfarre Herz Jesu Mödling

1. Reihe (v.l.n.r.): Dr. Manfred Schörb, Brigitta Scholler, Leopoldine Dietl

2. Reihe (v.l.n.r.): Maria Türk, Anneliese Grande, Christina Hildmann, Dr. Ernst Formann, Dipl.HTL-Ing. Christian Vasak, Ing. Roland Ferenci, P. Mag. Josef Denkmayr, Hans Joachim Schimanowa

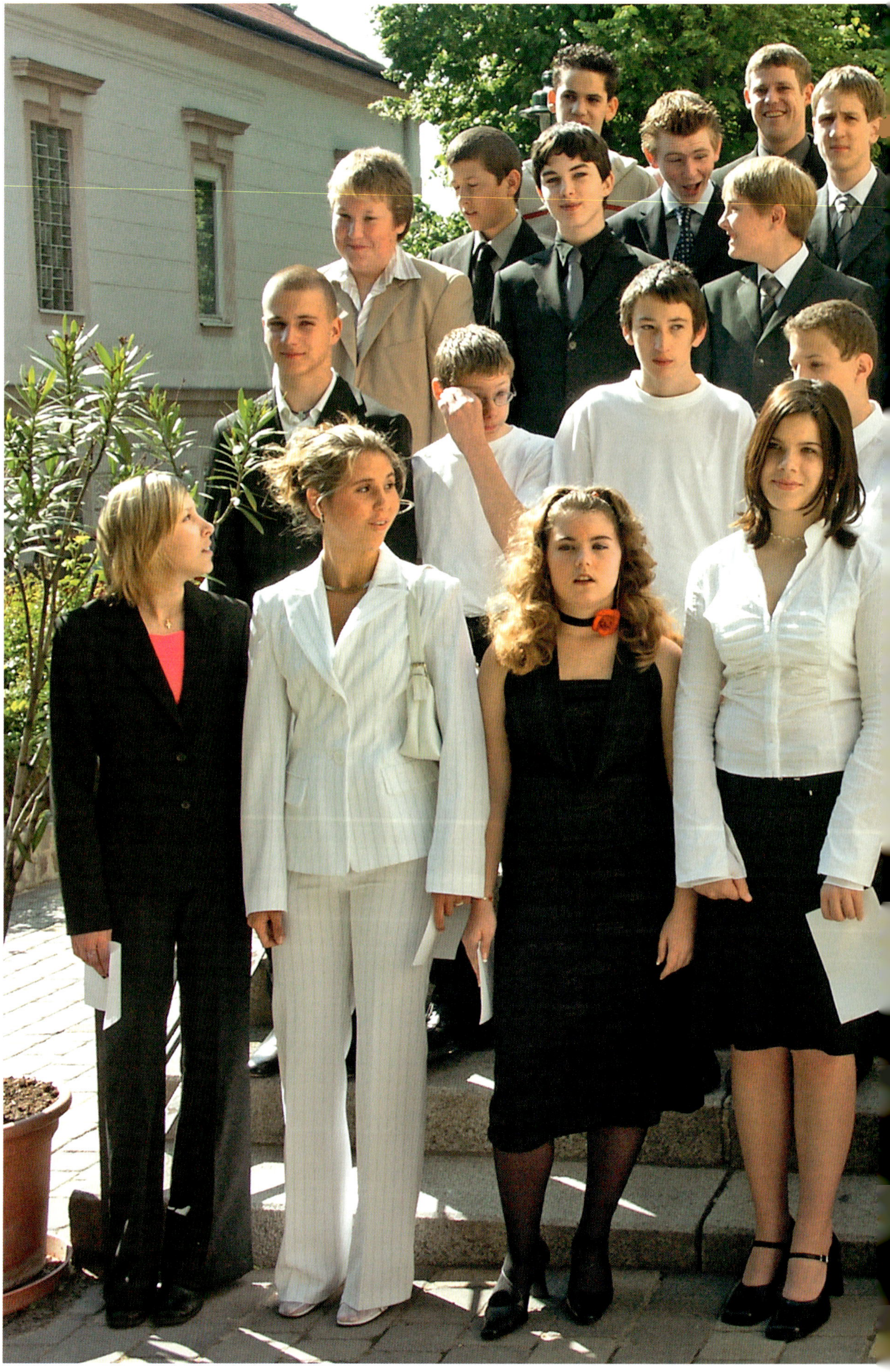

Evangelische Pfarrgemeinde A.B.

Pfarrer Dr. Klaus Heine (rechts außen)
Pfarrer Mag. Markus Lintner (Mitte hinten)
mit Konfirmanden zu Pfingsten 2004

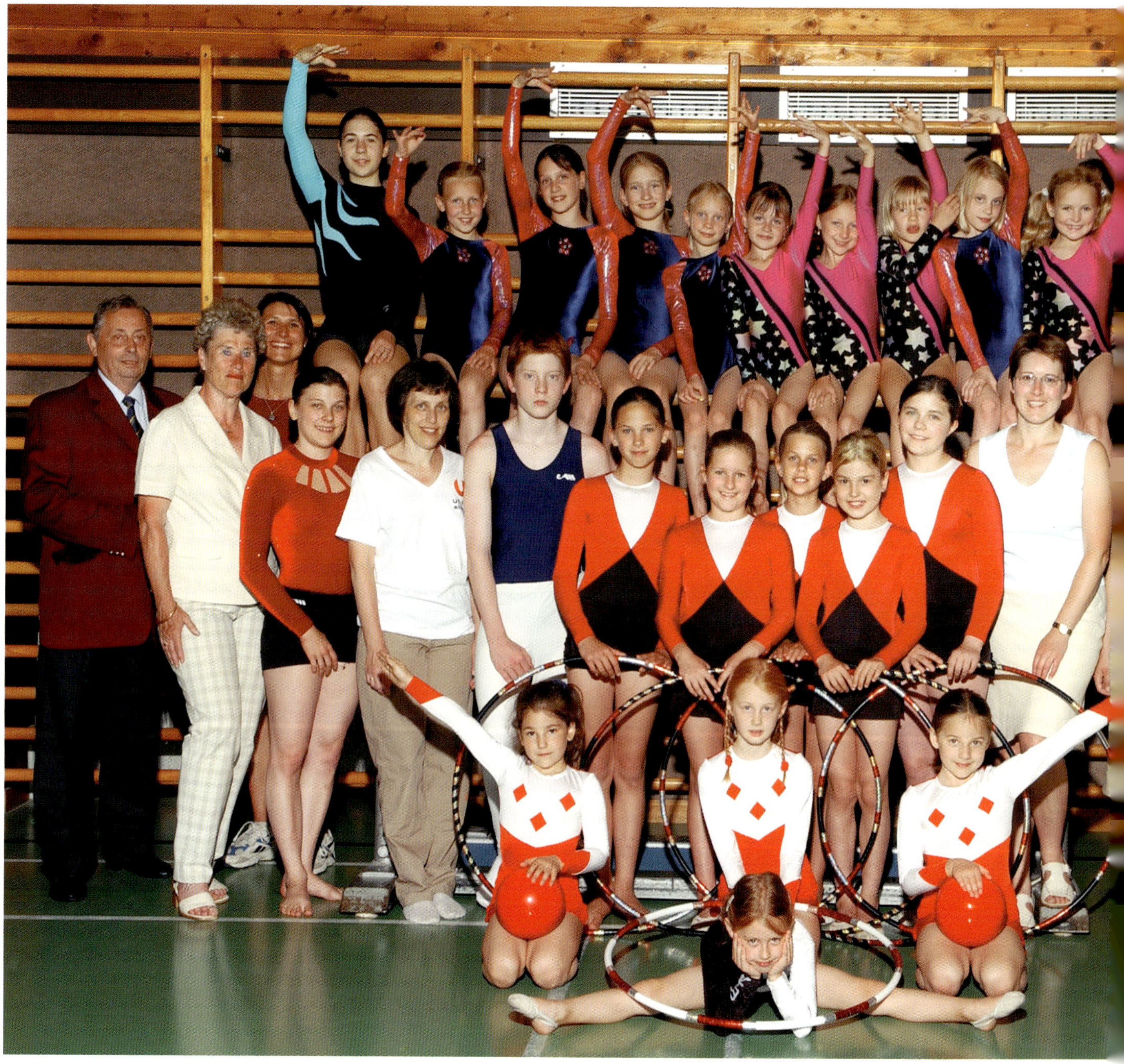

Turn- und Sportunion Mödling

1. Reihe: Hannah Gursch

2. Reihe (v.l.n.r.): Kalina Simeonova, Denise Gursch, Alexandra Bichler

3. Reihe (v.l.n.r.): Lisa Senhofer, Katharina Reinold, Mona Senhofer, Theresa Peneder, Sabine Moser, DIng. Monika Bichler, Cornelia Czeiner, Hans Fuchs, Christine Fuchs, Dr. Peter Ludwig

4. Reihe (v.l.n.r.): Obmann Heinz Schmied, OSR Lore Schmied, Teresa Köhler, Renate Köhler, Manuel Hofmann, Mag. Eva Bohn,

5. Reihe (v.l.n.r.): Julia Hofmeister, Anna Seper, Nina Zopf, Barbara Humann, Katrin Humann, Annika Zopf, Kathi Egidy, Lea Wyss, Veronika Ehrenhauser, Steffi Gerber, OSR Leopold Hochmayer

Verein Naturpark Föhrenberge

(v.l.n.r.): Landtagspräsident a.D.
Ing. Leopold Eichinger,
LAbg. Hannes Weninger,
Dr. Thomas Uher (GD Österr. Bundesforste),
GR Reg.Rat Konrad Brüger
LH-Stv. a.D. Dr. Hannes Bauer,
Bürgermeister LAbg. Hans Stefan Hintner

Copyright: Naturpark Föhrenberge

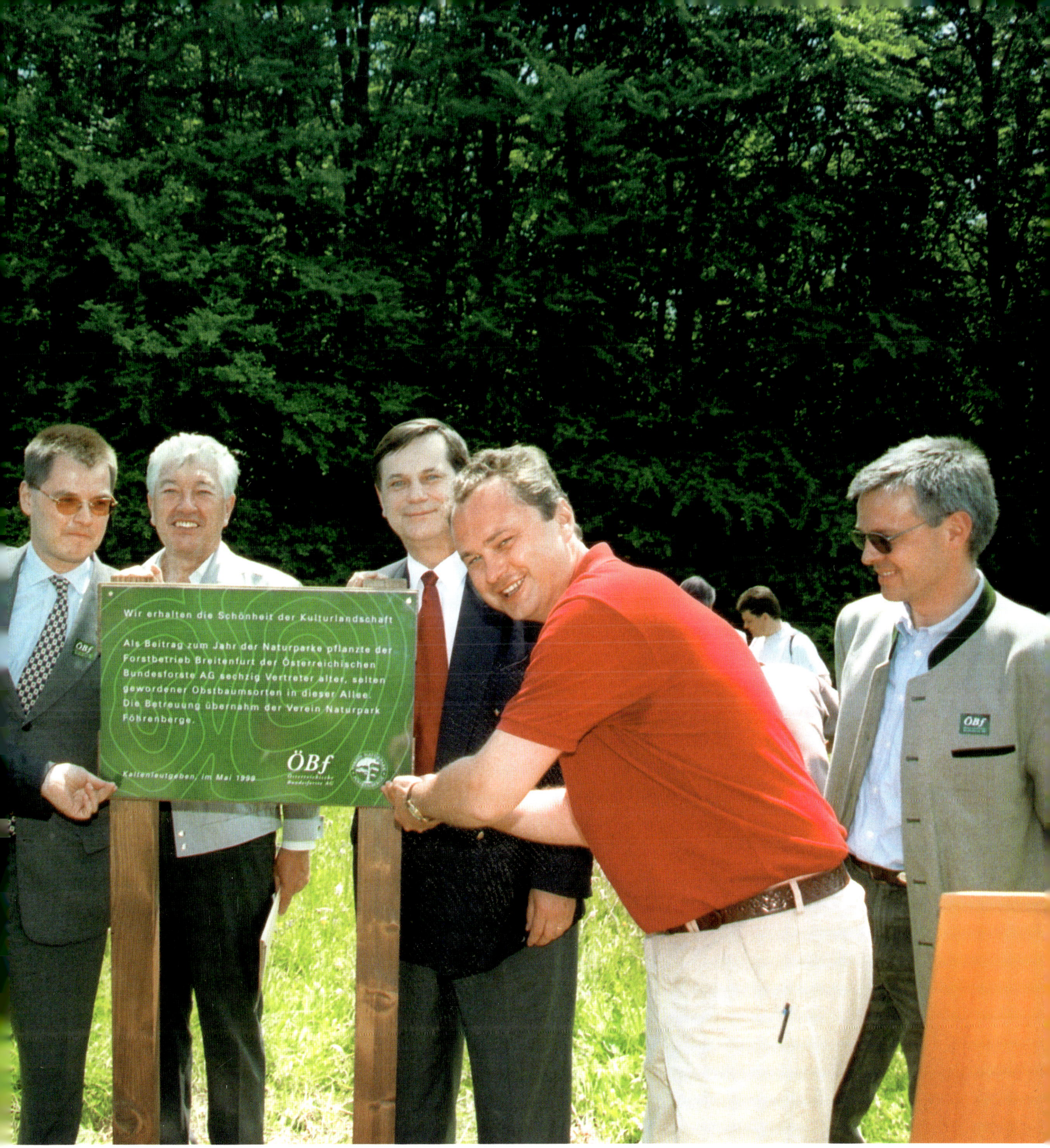

144

Vocal Ensemble Mödling

Eva Berghofer, Petra Staudinger, Sandra Horak, Margit Guggenberger, Elli Siska, Julia Köck, Astrid Binder, Fritz Wolfram, Gudrun Jörgl, Stefan Geiger, Wolfgang Mohaupt, Julian Leingartner, Martina Aigmüller, Thomas Aigmüller, Vera Hansen, Angela Kaufmann, Roland Stöß, Amina Leitner, Franz Jedlicka, Martha Leitner, Tarja-Elina Weisz, Michael Wotzel, Sabine Dissauer-Mohaupt, Roland Stickler, Birgit Grabmayer-Zwing, Adelheid Möhrke, Günther Mohaupt, Nicho Harras, Michaela Brückner-Pirchner, Regine Rädermacher, Susi Allhoff, Trixi Ruffer, Gudrun Ott, Sabine Radanovics, Susanne Zivny, Caro Wellner, Claudia Pal, Myriam Sarny, Martina Gruber, Christine Reiler, Niki Bachmayer, Walter Hnat, Andrea Martiny, Matthias Semeliker, Friedrich Urban, Ralph Schillein

UEC „The Dragons" Mödling

1. Reihe sitzend (v.l.n.r.): Oliver Pipek, Oliver Tschernoster, Stefan Siegel, Gerald Ruzicka, Raphael Pikisch, Peter Mandik, Stefan Schwabl.

2. Reihe stehend (v.l.n.r.): Präsident GR Robert Mayer, Trainer Franz Schögler, Kurt Kretschmeier, Peter Klumpp, Andreas Schögler, Mogens Kostiha, Mario Böhm, Hannes Neumeister, Bernhard Ployer, Gerald Solarovszky, Alexander Lichtblau, Christian Wolf, Betreuer Hannes Pipek

MÖDLINGER KÜNSTLERBUND

1. Reihe (v.l.n.r.): Beatrix Kutschera, Lucia Marek, Brigitte Petry, Elisabeth Ledersberger-Lehoczky, Marie Therese Heumesser, Eduard Diem, Sabine Krist

2. Reihe (v.l.n.r.): Eva Meloun, Josef Papst, Inge Ute Brunner, Ursula Neugebauer, Werner Petry (Obmann), Gertrude Weese, Ilse Küchler

3. Reihe (v.l.n.r.): Franz Täubler, Walter Baumann, Editha Taferner, Herbert Langmüller

Union Mini Basket Mödling & Union Basketballverein Mödling

1. Reihe (v.l.n.r.): Markus Buchleitner, Marcel Gruber, Karim Eed, Gregor Buchleitner, David Markgraf, Dominik Zottl, Alexander Steppan, Marino Knöppel, Manuel Trischler, Elias Hofbauer

2. Reihe (v.l.n.r.): Elise Waag, Johanna Distl, Tobias Printz, Julian Ehmsen, Bernhard Karner, Valentin Karner, Martin Posch, Katharina Wagner, Melanie Meissl, Sandra Nowak, Manuel Brager

3. Reihe (v.l.n.r.): Lukas Fally, Stefan Tichatschek, Sebastian Mayr, Dominik Schneider, Jakob Ehmsen, Christoph Steppan, Christoph Grossberger, Markus Strohmayer, Philipp Kocher, Philipp Wölfler, Christoph Babel, Markus Hollitsch, Mathias Nemec

4. Reihe (v.l.n.r.): Alexander Schunk, Jakob Nedomansky, Christoph Strohmayer, Lukas Printz, David Hofbauer, Christof Kugler, Hans Altmann, Dominique Alf, Paul Krumböck, Ruth Weisch, Irene Hnat

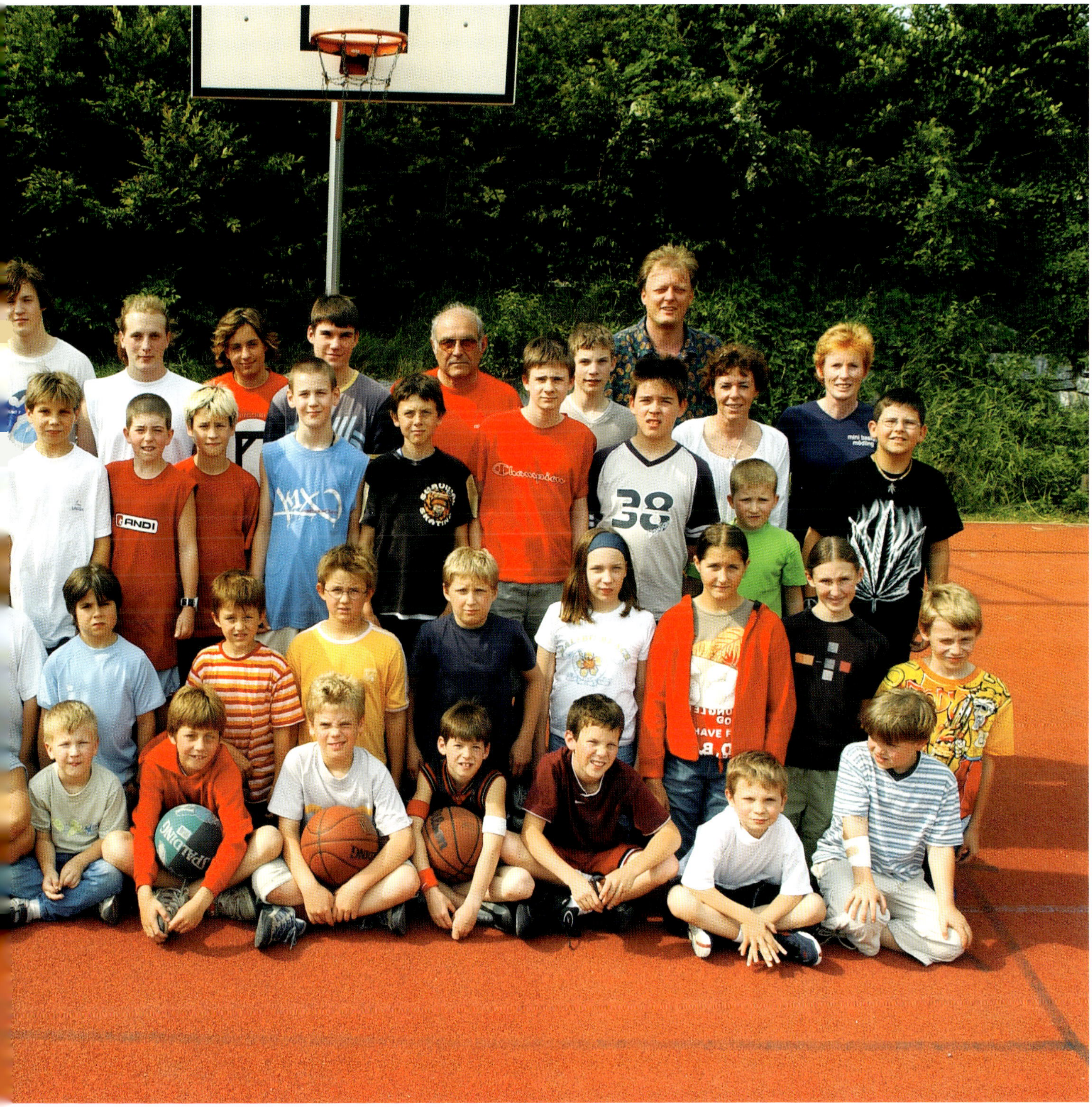
ANDI
Champion
38

Tender - Verein für Jugendarbeit

(v.l.n.r.): DSA Robert Bachinger (Jugendberatung Waggon), DSA i.A. Thomas Fischer (Mobile Jugendarbeit), DSA Martina Niederreiter (Leiterin Waggon), DSA Herbert Aschauer (Geschäftsführer Tender), DSA Susanne Wasmaier-Wild (Stv. Obfrau Tender), Mag. Max Foissner (Leiter MoJA), DSA Katharina Fidesser (Waggon), DSP (FH) Kathrin Herm (MoJA), Jürgen Pils (Waggon)

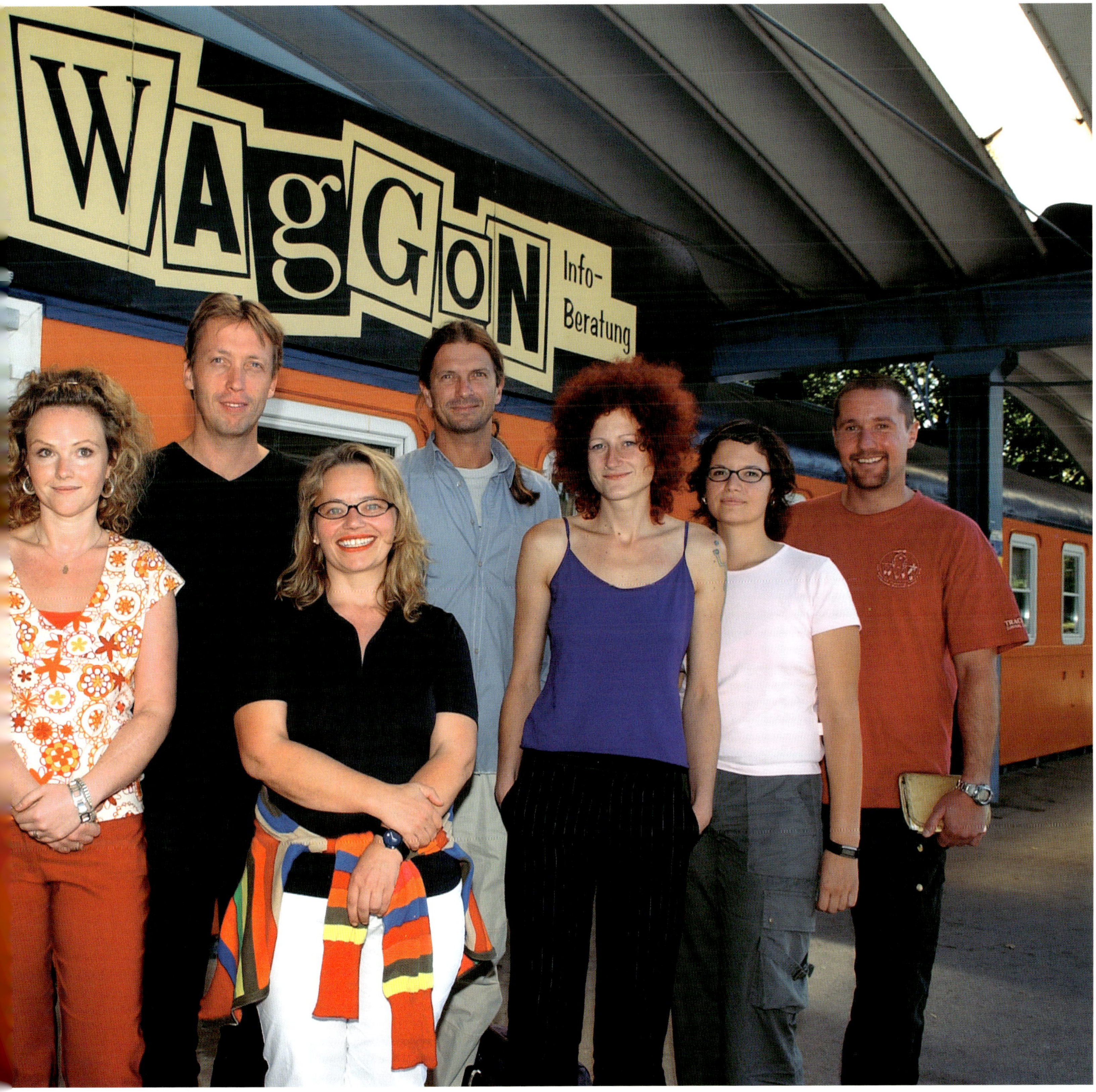
WAGGON
Info-
Beratung

Erste Kraftsportvereinigung Mödling

1. Reihe hockend (v.l.n.r): Braun Martin, Baranyai Janos, Steiner Friedrich

2. Reihe stehend (v.l.n.r.) Holzer Franz (Hauptsponsor), Lichtenwörther Johann, Gilly Walter, Gilly Markus, Zeinlinger Andreas, Hanler Fritz (Obmann)

Schwimmunion Mödling (SUM)

1.Reihe (v.l.n.r.): Weber Alexander, Wess Stefan, Alacamlioglu Osman, Röhrenbacher Nino, Rohrbach Manuela, Mathe Kerry, Manhart Ursula (Trainerin und Schwimmwartin der SUM)

2.Reihe (v.l.n.r.): Toth Birgit, Ehrenreich Andreas, Thaler Marina, Rettig Verena, Perlinger Lisa-Maria, Hübel Bibiane

3.Reihe (v.l.n.r.): Dr. Friedrich Weiß (Präsident der SUM), Kiebler Andreas, Kasper Thomas, Erhart Jacqueline, Rettig Andres

Verein Hospiz Mödling

(v.l.n.r.): Dr.med. Ilse Verbaeys (Obfrau), DGKS Johanna Siding,
Helga Krumböck (Geschäftsführerin), DGKS Ingrid Pleyer

Hilfswerk Mödling

1. Reihe (v.l.n.r.): Susanne Hornung, Margit Ross, Lotte Steppan, Mag. Josef Stachl, Christina Rest, Mag. Elisabeth Weber

2. Reihe (v.l.n.r.): Vera Lenhart, Alena Kolar, Gerti Hochholdinger, Maria Linhard, Susanne Zeibich, Christiane Schreiber

ULC-Mödling

1. Reihe (v.l.n.r.): Frühbauer Barbara, Santner Nina, Hofbauer Katharina, Rees Nicholas, Frühwirth Clemens, Meyer Andreas, Graf-Gabriel Markus, Asamer Raphael, Molikowitsch Stefan, Unger Katharina, Unger Stefan, Netocny Simon, Dunkel Florian, Giulani Daniel, Kranawetter Gregor

Zwischenreihe (v.l.n.r.): Wohlfarth Miriam, Ponta Alina, Scheucher Theres, Wegenstein Patricia, Zillinger Lisa-Maria

2. Reihe (v.l.n.r.): Nikodem Thomas, Fuchs Florian, Pell Konstantin, Berghoffer Philipp, Grasl Michael, Gebert Isabella, Frühwirth Sarah, Vancl Jürgen, Hartelmüller Edgar, Molikowitsch Anna, Cernicek Gerwin, Sulzer Josef, Heindl Manfred, Rigler Corinna, Amlinger Raphael, Schnabel Caroline, Asamer Annegret, Breuer Marlene, Vancl Jörg, Hailing Mario, Brunner Beate, Hailing Markus, Bacher Lisa, Paci David, Asamer Magdalena, Hailing Roman, Horak Michael, Hildebrandt Tammy, Kranzl Günther

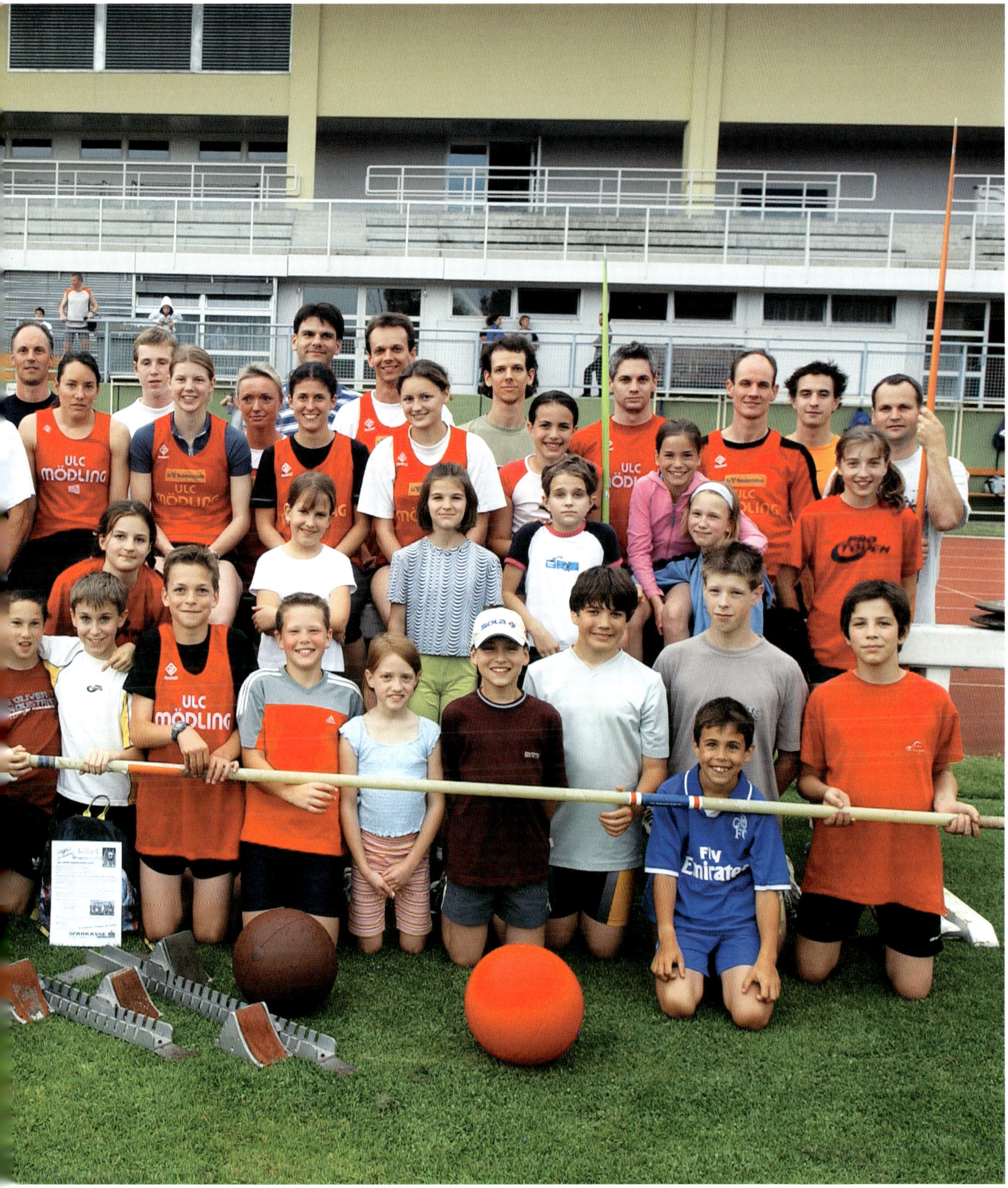
ULC MÖDLING
Fly Emirates

ASKÖ Mödling

Reihe stehend (v.r.n.l.): Ing. Hubert Pirker, Ewald Pum, Margit Wanek, Komm. Rat Robert Karpfen, Friederike Pum, Ing. Karl Schlechta, Ferdinand Pleininger

Reihe sitzend (v.r.n.l.): Gerda Stossfellner, Brigitte Holper, Irmgard Furch, Mag. Susanne Hanisch, Mag. Waltraud Fesselhofer, Katharina Herzog

TISCHFUSSBALLVEREIN BAHNWIESE MÖDLING = TVBM

(v.l.n.r.): Thomas Busch, Manfred Pawlica, Christian Blümel, Thomas Bergholz, Helmut Pichler, David Busch

ÖSTERREICHISCHE KINDERFREUNDE
ORTSGRUPPE MÖDLING

1. Reihe (v.l.n.r.): Benjamin Lang, Ehrenobmann Johann Schiebinger (sitzend), Altbürgermeister Werner Burg (sitzend), Sofie Holzmann

2. Reihe (v.l.n.r.): Elisabeth Handler, Janine Knapp, Christine Holzmann, Harald Haberhofer (hinten), Renate Lang, Regina Heger, Vizebgm. Andreas Holzmann (Vorsitzender), Gerhard Staas (hinten), Manfred Brunner, GR Evelin Buchleitner, Stefanie Staar, Alfred Haiszan (hinten), Eva Withalm, Wilhelm Haberhofer

K.Ö.St.V. Franzensburg Mödling
KATHOLISCH-ÖSTERREICHISCHE STUDENTENVERBINDUNG

(v.l.n.r.): Wolfgang Gasnarek (Philistersenior, Obmann), techn. Rat Ing. Volkmar Burger (Gründungsmitglied und langjähriger Philistersenior), Karl Zwölfer (früherer Philistersenior), Dr. Karl Niederreiter (früherer Philistersenior), Günter Zwölfer (Philisterconsenior, Obmann-Stv.), Mag. Peter Nagl (Schriftführer), Peter Lang (Kassier)

Haus der Jugend-Mödling

1. Reihe am Boden (v.l.n.r): 6 Jugendliche Besucher, Nicole Dorten (Hausleitung)

2. Reihe v.l.n.r. Christian (Austauschstudent), Alexander Dorten, Stadtrat Stephan Schimanowa, Melitta Gillissen, Gemeinderätin Mag. Ulrike Binder, Stadtrat Mag. Gerald Ukmar (Obmann), Ulrike Weber, Fritz Weber (Hausleiter), Mirjana Radosavlievic

163

164

Kneipp Aktiv Club Mödling

1. Reihe (v.l.n.r.): Harbich Margret, Giersig Helga, (1x ohne Namen) DI Nitsch Hildegard, Dr. Klauser Inge, Waldhans Editha, Knipp Elsa, König Elfriede, Haas Rosa, Mag. pharm. Riedl Maria, Dirnberger Rotraut

2. Reihe (v.l.n.r.): Dipl.PhT. Leithner Karin, König Helge, Schulz Marianne, Pany Maria, Simeoni Ernst, Dr. Mortinger Erna, Knipp Wolfgang, Lowatschek Maria, Drachsler Josefine, Satzinger Lucia, Karpf Gertrude, Mayer Maria, Simeoni Annemarie, Rubel Hildegard, Maschl Roger, Kienast Gertraud, DI Kienast Siegfried, Hofmann Ernst

Stadttheater Mödling

1.Reihe (v.l.n.r): Walter Benn, Rremi Brandner, Klaus Uhlich, Eva Meyer, Maria Urban, Bernie Feit, Miro Kosic (Hausbetreuung)

2.Reihe (v.l.n.r): Wolfgang Lesky, Bruno Max (Intendant), Jörg Stelling, Thomas Weissengruber, Thomas Loserth (Beleuchtung), Thomas Löschnigg (Inspizienz)

Theaterverein Mödling Ensemble 93

1. Reihe (v.l.n.r.): Claudia Fleischmann, Hannelore Lerner, Elisabeth Fleischmann (Kassier), Sabine Fraßl, Getraude Köck (Obmann-Stv.), Michaela Grafl, Andrea Fischer, Doris Böhm (Kassier-Stv.)

2. Reihe (v.l.n.r.): Andreas Fischer, Manfred Fleischmann (Obmann), Ing. Michael Grafl, Elisabeth Reisinger, Hans Peter Duursma, Sissy Reisinger

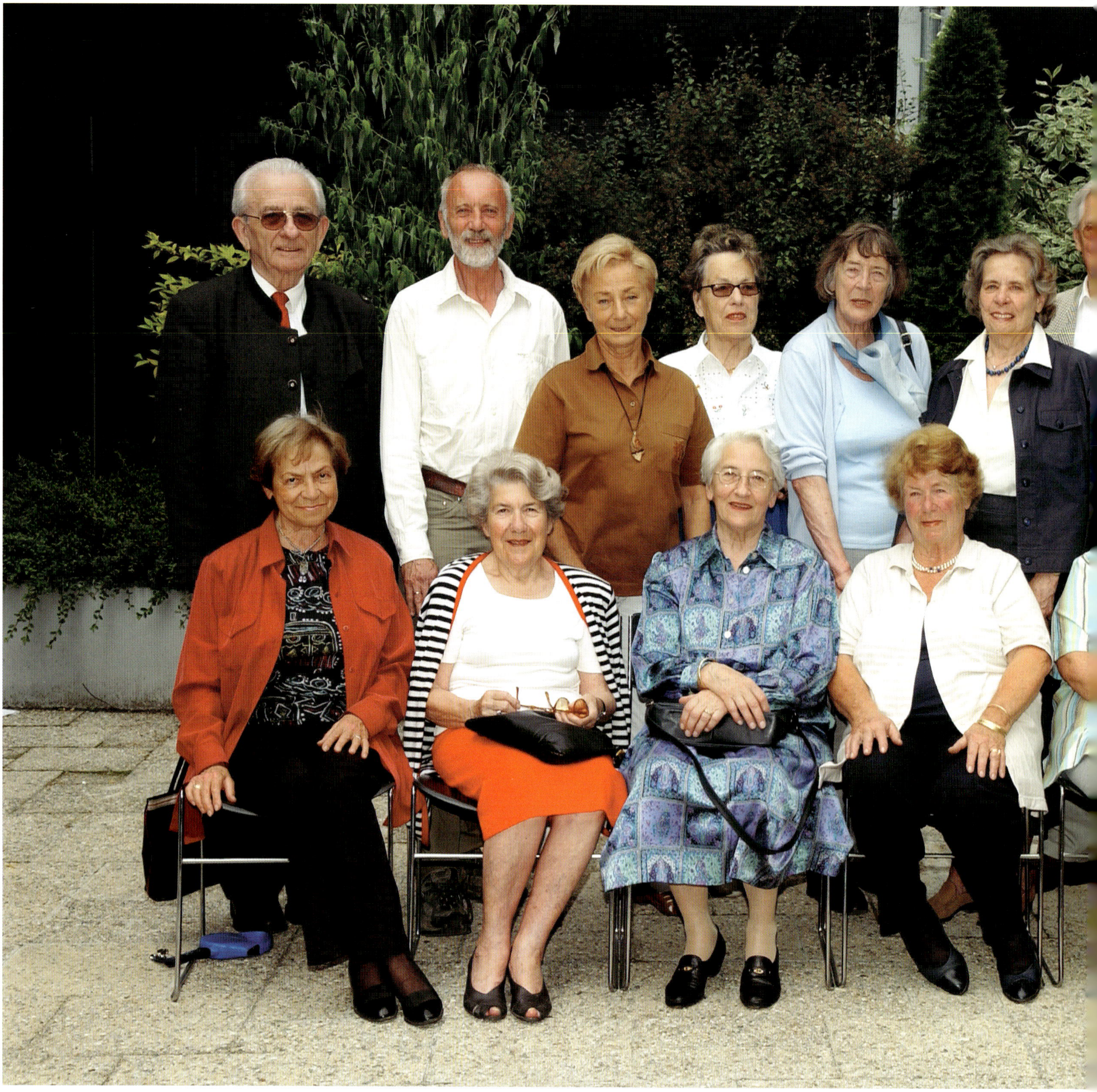

Literarische Gesellschaft Mödling

1. Reihe (v.l.n.r.): Judith Konas (Schriftführer-Stellvertreter), Dr. Hertha Persa, Dr. Gertrude Pamperl, Dr. Elisabeth Skarabela (Obmann d.Gesellschaft), Gertrude Mödlhammer (Kassier und Archivbetreuung), Christine Pruzsinszky (Schriftführer)

2. Reihe (v.l.n.r.): Ing. Alfred Priesching, DI Wolfgang Pruzsinszky, Dr. Friedl Jary (Obmann-Stellvertreter), Edeltraud Fischer (Kassier-Stellvertreter und Archivbetreung), Ilse Wildgans (Obmann-Stellveteter), Elfriede Heckermann, Min.R DI Herbert Heckermann, DI Hans Kretz, Rudolf Laager

Bezirks-Museums-Verein Mödling

1. Reihe (v.l.n.r.): Dr. Rainer Burghardt (Sachbearbeiter), Dr. Dieter Zumpfe (Obmann), Mag. Gudrun Foelsche (Obmann-Stellvertreterin), Prof. Dr. Benno Plöchinger (Sachbearbeiter), Rotraut Dirnberger (Sachbearbeiterin), Em.o.Univ.Prof. Dr. Ferdinand Stangler (Sachbearbeiter), Prof. Dr. Hans Peter Zelfel (Obmann-Stellvertreter)

2. Reihe (v.l.n.r.): Lisa Treitler (Kassierin), Dagny Matejicek (Schriftführerin), Traude Buchmüller (Kassier-Stellvertreterin), Dr. Christian Matzner (kooptiertes Vorstandsmitglied/Sachbearbeiter)

Volkshilfe Mödling

1. Reihe sitzend: DGKS Sonja Huber

2. Reihe (v.l.n.r.): Angelika Filikci, Isabella Gundelmayer, Christine Teufelbauer

3. Reihe: Brigitte Kutschi, Albert Pohan, Gemeinderätin Friederike Pospischil, Brigitte Maucha, Rita Böhm, Bezirksvorsitzende/Nationalratabgeordnete a.D./Stadträtin a.D. Christine Haager, Heinz Haager

ÖTB TV
Mödling 1863

1. Reihe (v.l.n.r.): Erika Oberhuemer, Christa Prim, Brigitte Berger, Ing. Heinz Zimmermann, Elisabeth Lerch, Margarita Janisch, Roswitha Wolfgang

2. Reihe (v.l.n.r.): Alfred Glatz, Hans Berger, Anita Prim, Ing. Franz Krammer, Oswald Leithner, Bmst. Josef Gerstl, Helmut Berger, Hofrat Sigmar Janisch, Armin Kroat, Roland Lerch

173

Mödlinger Gesang-Verein 1848

1. Reihe sitzend (v.l.n.r.): Wolfgang Mohaupt, Harold Siebenküttel, Peter Wagner

2. Reihe (v.l.n.r.) Gerald Stehlik, Ulli Stehlik, Christine Flügl, Janna Lawroff, Kim Lorenz, Alfred Remesch, Hans Kässmayer, Theresia Brüger, Annelinde Welser

3. Reihe (v.l.n.r.): Andreas Brüger, Ute Moderei, João Passanha, Ilse Moderei, Steffi Födinger, Veronika Duursma, Herbert Schwarzbach, Hubert Lampert, Susi Oswald, Alice Papp, Peter Vecernik, Brigitte Födinger, Konrad Brüger